새 영세자를 위한 신앙생활 길잡이

The Guide of Religious Life for New Catholics

Ri Ki-Jung

Copyright © 2006 by Ri Ki-Jung
Published by ST PAULS, Seoul, Korea

ST PAULS
20, Ohyeon-ro 7-gil, Gangbuk-gu, Seoul, Korea
Tel 02-944-8300, 02-986-1361 Fax 02-986-1365

국립중앙도서관 출판시도서목록(CIP)

새 영세자를 위한 신앙생활 길잡이 / 지은이: 이기정. ―
서울 : 성바오로, 2006
  p. ;   cm

ISBN 978-89-8015-608-5 03230

238.248-KDC4
248.482-DDC21   CIP2006001469

새 영세자를 위한

이기정 지음

신앙 생활 길잡이

인사말

세례를 받고 이 책을 받게 되신 여러분께 진심으로 축하와 감사를 드립니다. 이 책은 새로이 신앙생활을 하는 여러분에게 기본적으로 필요하리라고 생각되는 내용들을 모아 정리했습니다. 물론 예비신자 교리 시간에 다 배운 내용이겠지만 다시 일깨워 드린다는 점에서 정리했고, 앞으로 1년에 걸쳐 신자로서의 생활에 익숙해지는 것을 돕기 위해 엮었습니다.

이 책이 여러분의 신앙생활에 길잡이가 된다면 기쁘겠습니다. 비록 부족한 점을 구석구석에서 느끼지만 주님의 도움이 함께하리라 믿습니다. 신앙생활보다 더 좋은 인생길은 없다는 확신을 갖고 즐겁게 실천해 보시기 바랍니다.

이기정 사도 요한 신부

차 례

인사말

신앙생활의 출발점

신앙생활의 시작 _21

성사 생활의 시작 _27

본당과 신자 생활 _41

신자와 교회 살림 _51

묵주기도 _59

가정과 성사 생활 _63

교회 내 여러 단체들 _71

선교 활동 _79

전례 생활 _89

순교 성인 _99

성직자와 수도자 _107

신앙생활 재충전 _115

신앙의 발전과 유지 _123

신앙생활의 출발점

삼종기도

(하루 3번 : 아침 6시, 낮 12시, 저녁 6시)

○ 주님의 천사가 마리아께 아뢰니
● 성령으로 잉태하셨나이다.

(성모송 1번)

○ "주님의 종이오니
● 그대로 제게 이루어지소서!"

(성모송 1번)

○ 이에 말씀이 사람이 되시어
● 저희 가운데 계시나이다.

(성모송 1번)

○ 천주의 성모님, 저희를 위하여 빌어 주시어
● 그리스도께서 약속하신 영원한 생명을 얻게 하소서.

+ 기도합시다.

　하느님, 천사의 아룀으로 성자께서 사람이 되심을 알았으니
　성자의 수난과 십자가로 부활의 영광에 이르는 은총을
　저희에게 내려 주소서.
　우리 주 그리스도를 통하여 비나이다.

◎ 아멘.

부활 삼종기도

(예수 부활 대축일부터 성령 강림 대축일까지)

○ 하늘의 모후님, 기뻐하소서. 알렐루야.

● 태중에 모시던 아드님께서, 알렐루야.

○ 말씀하신 대로 부활하셨나이다. 알렐루야

● 저희를 위하여 하느님께 빌어 주소서. 알렐루야.

○ 동정 마리아님, 기뻐하시며 즐거워하소서. 알렐루야.

● 주님께서 참으로 부활하셨나이다. 알렐루야.

† 기도합시다.

　하느님, 성자 우리 주 예수 그리스도의 부활로
　온 세상을 기쁘게 하셨으니
　성자의 어머니 동정 마리아의 도움으로
　영생의 즐거움을 얻게 하소서.
　우리 주 그리스도를 통하여 비나이다.

◎ 아멘.

묵주기도

1. (묵주의 십자가를 잡고) 성호경, 사도신경
2. 주님의 기도
3. 성모송 3번
    - 성부의 지극히 거룩한 딸이신 마리아를 묵상하며 1번
    - 성자의 어머니이신 마리아를 묵상하며 1번
    - 성령의 지극히 정결한 짝이신 마리아를 묵상하며 1번
4. 영광송, 구원송, 그날 묵상할 신비의 1단 묵상, 주님의 기도
5. 성모송 10번
6. 4, 5번과 같은 방법으로 신비 5단까지 바침

【환희의 신비】

기쁨을 드러내는 신비라는 뜻입니다. 그리스도의 탄생에 관한 구원 소식을 묵상하는 내용입니다. 주로 월·토요일에 바칩니다.

1단 마리아께서 예수님을 잉태하심을 묵상합시다.
2단 마리아께서 엘리사벳을 찾아보심을 묵상합시다.
3단 마리아께서 예수님을 낳으심을 묵상합시다.
4단 마리아께서 예수님을 성전에 바치심을 묵상합시다.
5단 마리아께서 잃으셨던 예수님을 성전에서 찾으심을 묵상합시다.

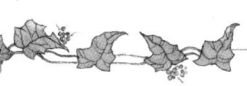

【빛의 신비】

예수님의 공생활을 묵상하는 내용입니다.

주로 목요일에 바칩니다.

1단 예수님께서 세례 받으심을 묵상합시다.

2단 예수님께서 가나에서 첫 기적을 행하심을 묵상합시다.

3단 예수님께서 하느님 나라를 선포하심을 묵상합시다.

4단 예수님께서 거룩하게 변모하심을 묵상합시다.

5단 예수님께서 성체성사를 세우심을 묵상합시다.

【고통의 신비】

예수님이 인간의 구원을 위해 고통을 당하시고 십자가에서 돌아가신 것을 묵상하는 내용입니다. 주로 화·금요일에 바칩니다.

1단 예수님께서 우리를 위하여 피땀 흘리심을 묵상합시다.

2단 예수님께서 우리를 위하여 매 맞으심을 묵상합시다.

3단 예수님께서 우리를 위하여 가시관 쓰심을 묵상합시다.

4단 예수님께서 우리를 위하여 십자가 지심을 묵상합시다.

5단 예수님께서 우리를 위하여 십자가에 못 박혀 돌아가심을 묵상합시다.

【영광의 신비】

예수님이 고통과 죽음으로써 당신의 사명을 완수하신 다음, 영광을 누리신 것을 묵상하는 내용입니다. 주로 수 · 일요일에 바칩니다.

1단 예수님께서 부활하심을 묵상합시다.

2단 예수님께서 승천하심을 묵상합시다.

3단 예수님께서 성령을 보내심을 묵상합시다.

4단 예수님께서 마리아를 하늘에 불러올리심을 묵상합시다.

5단 예수님께서 마리아께 천상 모후의 관을 씌우심을 묵상합시다.

아침기도

✠ (십자성호를 그으며) 성부와 성자와 성령의 이름으로.
◎ 아멘.

【주님의 기도】

○ 하늘에 계신 우리 아버지,
  아버지의 이름이 거룩히 빛나시며 아버지의 나라가 오시며
  아버지의 뜻이 하늘에서와 같이 땅에서도 이루어지소서!
● 오늘 저희에게 일용할 양식을 주시고
  저희에게 잘못한 이를 저희가 용서하오니 저희 죄를 용서하시고
  저희를 유혹에 빠지지 않게 하시고 악에서 구하소서.
◎ 아멘.

【봉헌기도】

◎ 하느님, 저를 사랑으로 내시고 저에게 영혼 육신을 주시어 주님만을 섬기고 사람을 도우라 하셨나이다. 저는 비록 죄가 많사오나 주님께 받은 몸과 마음을 오롯이 도로 바쳐 찬미와 봉사의 제물로 드리오니 어여삐 여기시어 받아 주소서.
아멘.

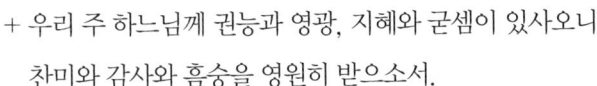

+ 우리 주 하느님께 권능과 영광, 지혜와 굳셈이 있사오니
  찬미와 감사와 흠숭을 영원히 받으소서.
◎ 아멘.

+ 전능하신 하느님,
  오늘도 저희 생각과 말과 행위를
  주님의 평화로 이끌어 주소서.
◎ 아멘.

저녁기도

✚ (십자성호를 그으며) 성부와 성자와 성령의 이름으로.
◎ 아멘.

【반성기도】
✚ 주님, 오늘 생각과 말과 행위로 지은 죄와 의무를 소홀히 한 죄를 자세히 살피고 그 가운데 버릇이 된 죄를 깨닫게 하소서.
(잠깐 반성한다.)

【통회기도】
◎ 하느님, 제가 죄를 지어 참으로 사랑받으셔야 할 주님의 마음을 아프게 하였사오니 악을 저지르고 선을 소홀히 한 모든 잘못을 진심으로 뉘우치나이다. 또한 주님의 은총으로 속죄하고 다시는 죄를 짓지 않으며 죄지을 기회를 피하기로 굳게 다짐하오니 우리 구세주 예수 그리스도의 수난 공로를 보시고 저에게 자비를 베풀어 주소서. 아멘.

【신덕송】
○ 하느님, 하느님께서는 진리의 근원이시며 그르침이 없으시므

로 계시하신 진리를 교회가 가르치는 대로 굳게 믿나이다.

【망덕송】
● 하느님, 하느님께서는 자비의 근원이시며 저버림이 없으시므로 예수 그리스도의 공로를 통하여 주실 구원의 은총과 영원한 생명을 바라나이다.

【애덕송】
○ 하느님, 하느님께서는 사랑의 근원이시며 한없이 좋으시므로 마음을 다하여 주님을 사랑하며 이웃을 제 몸같이 사랑하나이다.

+ 하늘에 계신 우리 아버지, 오늘 하루도 이미 저물었나이다. 이제 저희는 구세주 예수 그리스도를 통하여 모든 천사와 성인과 함께 주님을 흠숭하며 지금 이 순간까지 베풀어 주신 주님의 사랑에 감사하나이다.
◎ 아멘.

+ 전능하신 천주 (십자성호를 그으며) 성부와 ✠ 성자와 성령께서는 저희에게 강복하시고 지켜 주소서.
◎ 아멘.

식사 전 기도

+ 주님, 은혜로이 내려 주신 이 음식과 저희에게 강복하소서.
  우리 주 그리스도를 통하여 비나이다.
◎ 아멘.

식사 후 기도

+ 전능하신 하느님,
  저희에게 베풀어 주신 모든 은혜에 감사하나이다.
◎ 아멘.

+ 주님의 이름은 찬미를 받으소서.
◎ 이제와 영원히 받으소서.

+ 세상을 떠난 모든 이가
  하느님의 자비로 평화의 안식을 얻게 하소서.
◎ 아멘.

신앙생활의 시작

:: 세례를 진심으로 축하합니다

"하느님의 사람이여, 그대는 이러한 것들을 피하십시오. 그 대신에 의로움과 신심과 믿음과 사랑과 인내와 온유를 추구하십시오. 믿음을 위하여 훌륭히 싸워 영원한 생명을 차지하십시오. 그대는 많은 증인 앞에서 훌륭하게 신앙을 고백하였을 때에 영원한 생명으로 부르심을 받은 것입니다."

(1티모 6, 11-12)

그동안 교리를 배우느라 얼마나 수고가 많으셨습니까? 이제 우리는 가톨릭 신앙인으로 새로 태어나 예수님이 진심으로 원하시는 하느님의 자녀가 되어 하느님의 백성 중한 사람이 되었습니다. 국내외, 어디를 가든 우리는 항상 가톨릭 신자로서 권리와 의무를 갖게 됩니다. 이 책이 갓 시작하는 신자 생활에 도움이 되기를 바랍니다.

신자 생활이란 일반 사회생활에 성사聖事를 더해 살아가는 생활입니다. 그래서 삶의 가치를 거룩하게 하고 생애를 거룩하게 가꾸어 가는 것입니다. 우리가 세례를 받기로 결단을 내리는 순간, 바로 이러한 생활을 결심한 사람이 한 명 더 늘어난 것입니다.

그러니 세례를 받은 것은 축하를 받을 만한 일입니다. 그러면 이제부터 속된 생활에 지배되지 말고, 오히려 속된 생활을 성사로써 지배하도록 합시다.

:: 교우 관계

모든 교우들은 세례 받기 전과 다른 감정으로 우리를 대할 것입니다. 마치 한 집안의 친척이나 형제 같은 느낌으로 말입니다. 신자들은 어쩌다 거리에서 처음 만나 다투다가도 가톨릭 신자라는 것을 알게 되면 서로 계면쩍어 할 때가 많답니다. 그리고 항상 말과 행동을 더 조심해야

겠다고 다짐하게 됩니다.

 신자 생활이 오래 될수록 진실을 이야기하고 신의를 지키려는 성품이 점차 자라납니다. 그러나 때때로 지혜를 발휘해야 할 때도 많습니다. 가끔 엉터리 신자가 신자라는 것을 악용할지도 모르니까요. 신자들이 많다 보니, 개중에는 신앙생활을 열성 없이 하다가 배운 교리는 물론, 신앙인다운 태도마저 잃어버린 사람이 있게 마련입니다. 이렇게 잘못된 신자들을 보고 많은 분들이 교회를 나쁘게 평하기도 합니다.

 사실, 믿음의 세계와 믿는 사람은 다릅니다. 그리스도의 가르침, 곧 '믿어야 할 교리'가 나빠서 사람이 나빠지는 것은 아닙니다. 게다가 교회가 나쁘게 가르칠 리도 없습니다. 그러니 신자 중 어떤 사람이 나쁘게 행동한다고 해서 우리의 신앙심까지 흔들려서는 안 됩니다. 오히려 그런 경우에는 그 사람을 대신해 나 스스로 교회의 표상으로서 교회를 지켜야겠다고 생각하고, 정상적인 그리스도인의 삶을 세상에 드러내 보이겠다고 결심해 주십시오. 새로 세례 받은 신자는 바로 이러한 점에서 신선하고 올곧은 면을 훨씬 더 강하게 풍길 수 있습니다.

:: 대부 대모와의 관계

 대부 대모의 영명 축일이나 생일, 그 밖의 사항들을 익히도록 합시다. 그리고 혹 대부 대모의 신심적 태도에서 열의가 부족해 보인다 해도 실망하지는 마십시오. 대부 대모들 역시 인간이기에 감정이나 지성 면에서 결점이 있을 수 있습니다.

 하지만 그럼에도 그들은 우리보다 먼저 신앙생활을 살아왔고 신앙인으로서 다양한 경험을 겪었으므로 우리에게 많은 도움을 줄 것입니다. 되도록 자주 찾아뵙고 좋은 지도를 받도록 합시다. 영적 관계를 맺고 살게 하는 교회의 배려가 얼마나 좋은지 느끼게 될 것입니다.

:: 신앙인의 인품

 신앙인의 인품이란 예수님의 인품을 닮으려고 노력하는 것이라고 말할 수 있겠습니다. 그리고 그것은 덕을 닦고자 세심한 주의를 기울이는 데서부터 길러집니다. 그렇다고 혼자만의 생각에 빠져 균형 감각을 잃으면 세심증에 걸리거나 자만심에 빠질 수도 있습니다. 자기만의 세계에 갇혀 있지 말고 허심탄회하게 예수님과 대화하며 주변의 많은 선한 이웃들과 함께 처리하도록 하십시오. 우리 곁에는 언제나 예수님이 계십니다. 그분은 우리와 함께 이야기를 나누며 우리의 일을 돕고자 하신다는 것을 늘 기억하십시오.

성사 생활의 시작

:: 영혼을 맑게 보존하는 삶

"나는 이미 그것을 얻은 것도 아니고 목적지에 다다른 것도 아닙니다. 그것을 차지하려고 달려갈 따름입니다. 그리스도 예수님께서 이미 나를 당신 것으로 차지하셨기 때문입니다. 형제 여러분, 나는 이미 그것을 차지하였다고 여기지 않습니다. 그러나 이 한 가지는 분명합니다. 나는 내 뒤에 있는 것을 잊어버리고 앞에 있는 것을 향하여 내달리고 있습니다. 하느님께서 그리스도 예수님 안에서 우리를 하늘로 부르시어 주시는 상을 얻으려고, 그 목표를 향하여 달려가고 있는 것입니다. 성숙한 사람인 우리는 모두 이러한 생각을 지닙시다. 혹시 여러분이 무엇인가 달리 생각한다면,

그것도 하느님께서 여러분에게 계시해 주실 것입니다. 아무튼 우리가 어디에 이르렀든 같은 길로 나아갑시다."(필리 3, 12-16)

:: 고해성사로 몸뿐 아니라 영혼도 청결하게

일반적으로 신자들은 한두 달에 한 번 정도 고해성사를 보는 것이 좋습니다. 고해성사로써 세례 받을 당시의 맑은 자기 자신을 되찾을 수 있다는 것은 가톨릭교회만의 거룩한 위안의 제도라고 할 수 있습니다. 사람들과 함께 살며 사람답게 보이기 위해 매일 세수를 하듯이, 신앙인인 우리는 하느님과 함께 살면서 그분의 자녀답게 살기 위해 한두 달에 한 번 정도 고해성사로 자신을 정리하는 것이 합당합니다.

예비신자 교리를 배울 때, 고해성사는 적어도 1년에 한 번은 받아야 한다고 했던 것을 기억하십니까? 이를 판공성사라고 하는데, 교회를 저버리고 쉬는 신자(냉담 신자)라는 판정을 면하기 위한 최소한의 규정입니다. 기존의 어떤 신자들은 1년에 두 차례 판공성사만 받으면 충분하다고 말하는데, 이는 신앙생활이 흐려지기 시작한 자신을 변명하는 말에 지나지 않습니다.

사실 생명을 해치거나 죽이는 공해들이 얼마나 많습니까? 어쩌면 영혼을 죽이는 공해는 그보다 더 심할지도 모릅니다. 듣는 것, 보는 것 등이 어디 그렇게 건전하기만 합니까? 이러한 공해로 영혼이 조금씩 더럽혀지고 병들게 되면, 그때는 무엇이 잘못인지 분별할 수 있는 판단력마저 흐려지게 마련입니다. 그러면 아무리 지성을 동원해 변명할 이론을 세운다 해도 모든 것을 다 아시는 하느님께서 그 말에 쉽게 넘어가실 리가 있겠습니까?

몸을 청결하게 보존해야 건강을 유지하기 쉬운 것처럼 영혼도 마찬가지입니다. 방이 지저분할 때는 더 어질러도 표시가 잘 안 나듯, 우리의 영혼 역시 깨끗하지 못할 때 더 그 상태를 잘 모르게 됩니다. 그러니 자주 고해성사를 받도록 하십시오.

:: 고해성사를 받기 위한 준비

고해성사를 받기 전에 혼자서 조용히 다음의 단계에 따

라 준비합니다.

1. 성찰省察 : 마음을 살펴서 잘못을 알아낸다.
2. 통회痛悔 : 알아낸 잘못을 깊이 뉘우친다.
3. 정개定改 : 앞으로 잘못하지 않기 위해 지혜로 계획하고 마음으로 다짐한다.

이 3단계 과정을 꼭 거친 후 날짜를 정해 사제에게 자기 죄를 고백합니다. 아무리 급해도, 고해소에 들어가기 바로 직전에라도 이 과정들을 거치는 것이 좋습니다. 그리고 고백 후에는 사제가 정해 준 보속을 되도록 빨리 이행합니다. 만약 고백 전의 3단계를 거치지 않고 그냥 사제에게 고백만 해도 죄를 용서 받을 것이라고 생각한다면, 이는 잘못입니다. 사제는 마술사가 아닙니다. 그리스도께서 제정하신 제도를 집행하는 대리인일 따름입니다. 그러므로 마음으로 준비하지 않고 입으로만 고백해서는 안 됩니다.

한편, 하느님께 직접 죄를 고백하면 용서 받을 수 있다는 개신교의 주장은 사실 이해하기 어렵습니다. 이는 가톨릭의 고해성사에서 고백하는 과정을 빼고 준비 단계만으로 죄가 완전히 용서된다고 주장하는 것입니다. 이렇게 하면 쉽게 다시 죄를 지을 뿐 아니라, 하느님 앞에 선 인간을 자기 내면을 공개할 용기가 없는 비굴한 자로 만드는 것이기도 합니다.

이는 영혼과 육신이 결합되어 감각적이지만 이성적으로 행동하는 인간이라는 점을 아예 무시한 소치입니다. 다시 말해, 진정으로 뉘우치고 결심을 다져 하느님께 진실한 마음으로 털어놓을 수 있는 사람이라면 말하는 것쯤이야 어디 문제가 되겠습니까? 부끄럽다는 것은 핑계일 뿐이며, 위신을 지키려는 마음이 남아 있거나 겉으로만 죄의 용서를 받으려는 허영심 때문이라고 볼 수 있습니다.

그러나 가톨릭교회에서는 인간답게 영과 육의 조건을 모두 이용해, 즉 사제 앞에 직접 나가 말로써 자신의 잘못을 솔직히 표현하도록 합니다. 이 얼마나 인간을 위한 완벽한 제도입니까? 이 완벽한 제도를 정하신 분은 바로 예수님입니다. 즉, 그분은 십자가상의 제사로 인간의 죄를 기워 갚으셨습니다. 고해성사는 인류로 하여금 하느님과 화해하게 하신 예수님의 그 말씀과 행적을 원천으로 합니다.

예수님은 제자들에게 말씀하셨습니다. "너희가 누구의 죄든지 용서해 주면 그가 용서를 받을 것이고, 그대로 두면 그대로 남아 있을 것이다."(요한 20, 23) "또 나는 너에게 하늘나라의 열쇠를 주겠다. 그러니 네가 무엇이든지 땅에서 매면 하늘에서도 매일 것이고, 네가 무엇이든지 땅에서 풀면 하늘에서도 풀릴 것이다."(마태 16, 19) 이처럼 고해성사는 성경 말씀에 바탕을 두고 교회가 정한 제도입니다.

:: 고해소에서 지킬 사항

1. 첫 고해인지 또는 지난번 고해로부터 얼마나 시간이 지났는지 말한다.
2. 죄의 고백은 결론만 간단히 한다.
3. 고백이 끝났음을 알린다.
4. 사제가 주는 보속을 귀담아 듣는다.

:: 고해할 때 주의할 점

말소리는 너무 적거나 크지 않게 합니다. 듣는 사람은 사제 한 명이면 됩니다. 성찰한 모든 죄에 대해 그 결과만 말합니다. 원인을 해명하거나 진행 과정을 보고하거나 심적 상태를 표현하는 것은 고해성사의 내용에 들지 않습니다. 그리고 상담을 요하는 질문도 삼가는 편이 좋습니다. "기도가 잘 안 되는데 어떻게 하면 좋지요?" 등의 질문은 고해소에서 하지 않도록 합시다.

:: 고해성사 안내

이상과 같은 기본 사항이 잘 이루어지도록, 다음에 소개하는 안내에 따라 고해성사를 봅니다. 아울러 고해성사를 받을 사람이 많을 때에는 상황을 고려해 되도록 간략하게 고백하는 것이 좋습니다.

- 먼저, 지은 죄를 모두 알아내고
- 진정으로 뉘우치며

- 다시는 죄를 짓지 않기로 굳게 결심하고
- '고백기도'와 '통회기도'를 바칩니다.

고백기도
전능하신 하느님과 형제들에게 고백하오니
생각과 말과 행위로 죄를 많이 지었으며
자주 의무를 소홀히 하였나이다.
(가슴을 치며) 제 탓이요
(가슴을 치며) 제 탓이요
(가슴을 치며) 저의 큰 탓이옵니다.
그러므로 간절히 바라오니
평생 동정이신 성모 마리아와
모든 천사와 성인과 형제들은
저를 위하여 하느님께 빌어 주소서.
전능하신 하느님, 저희에게 자비를 베푸시어
죄를 용서하시고
영원한 생명으로 이끌어 주소서.
아멘.

통회기도

하느님,

제가 죄를 지어

참으로 사랑받으셔야 할

주님의 마음을 아프게 하였사오니

악을 저지르고 선을 소홀히 한 모든 잘못을

진심으로 뉘우치나이다.

또한 주님의 은총으로 속죄하고

다시는 죄를 짓지 않으며

죄지을 기회를 피하기로 굳게 다짐하오니

우리 구세주

예수 그리스도의 수난 공로를 보시고

저에게 자비를 베풀어 주소서.

아멘.

(고해소에 들어가 무릎을 꿇고 십자성호를 그으며)
- ● 성부와 성자와 성령의 이름으로.
  아멘.
- ✚ 하느님의 자비와 은총을 굳게 믿으며 그동안 지은 죄를 뉘우치고 사실대로 고백하십시오.
- ● 아멘.
- ● 고해한 지 (며칠, 몇 주일, 몇 달) 됩니다.

(알아낸 죄를 낱낱이 고백한다.)

(죄를 고백한 다음)
- ● 이 밖에 알아내지 못한 죄도 모두 용서하여 주십시오.
- • 사제는 고백자에게 훈계하고 보속을 줍니다.
- • 필요하다면 고백자에게 '통회기도'를 바치게 할 수 있습니다.
- • 사제는 고백자 머리 위에 두 손이나 오른손을 펴 들고 사죄경을 외웁니다.

✚ 인자하신 천주 성부께서 당신 성자의 죽음과 부활로 세상을 당신과 화해시켜 주시고 죄를 사하시기 위하여 성령을 보내 주셨으니 교회의 직무 수행으로 몸

소 이 교우에게 용서와 평화를 주소서.

나도 성부와 ✠ 성자와 성령의 이름으로 이 교우의 죄를 사하나이다.

- 아멘.

✠ 주님을 찬미합시다.
- 주님의 자비는 영원합니다.
✠ 주님께서 죄를 용서해 주셨습니다.

평안히 가십시오.
- 감사합니다.

• 나와서 가능한 빨리 보속을 이행합니다.

:: 고해성사를 위한 성찰

1. 아침·저녁기도, 삼종기도 등 일상의 기도 생활에 충실했는가?
2. 기도할 때 일부러 다른 생각을 한 적은 없는가?
3. 미신 행위를 하거나 믿은 적은 없는가?
4. 예수님이나 하느님의 이름을 함부로 부르거나 맹세한 적은 없는가?
5. 일부러 미사에 불참하거나 늦게 참례하거나 미사가 끝나기 전에 나간 적은 없는가?
6. 미사 시간에 집중하지 않고 딴생각을 하며 하느님께 불성실한 태도를 보인 적은 없는가?
7. 부모나 웃어른께 공손하지 않거나 업신여기며 놀린 일은 없는가?
8. 누군가를 미워한 적은 없는가?
9. 생각 없이 화를 낸 적은 없는가?
10. 말다툼하거나 싸운 적은 없는가?
11. 다른 사람이 잘못되기를 바란 적은 없는가?
12. 고의로 누군가에게 상해를 가한 적은 없는가?
13. 마음속으로 또는 실제로 누군가를 죽이고 싶었던 적

은 없는가?
14. 일부러 자해하거나 자살을 시도한 적은 없는가?
15. 누구를 죄짓게 한 적은 없는가?
16. 몸의 순결을 거스르는 말이나 행동을 한 적은 없는가?
17. 일부러 음란한 생각을 하거나 혼자 또는 다른 사람과 함께 음란한 행동을 한 적은 없는가?
18. 남의 물건을 훔친 적은 없는가?
19. 내 물건이 아닌 것을 아직도 그대로 가지고 있지는 않은가?
20. 고의 또는 부주의로 남의 재산에 피해를 끼친 적은 없는가?
21. 거짓말로 타인에게 손해를 끼친 적은 없는가?
22. 이유 없이 남을 의심하거나 나쁘게 말한 적은 없는가?
23. 교회의 일원으로서 의무를 성심껏 이행했는가?
24. 교회법이 명시하는 성사 생활을 잘 했는가?

* 더 깊고 세세히 자신을 살펴보고 잘못을 뉘우치는 가운데, 새 사람이 되기 위해 다짐합시다.

:: 성체성사

 기초가 튼튼해야 집이 견고하듯, 가톨릭 신자는 고해성사로 영혼을 깨끗이 함으로써 성체성사의 행복을 얻을 수 있습니다. 그리스도와 일치하는 생활 속에서 점차 자라나는 영혼은 하느님의 사랑을 깊이 맛볼 수 있을 것입니다. 성체성사에 자주 참여하는 것은 그만큼 천상잔치에 참여하는 것입니다.
 성체를 자주 모시는 사람의 영혼은 부패하지 않을 것입니다. 그리스도께서 우리 안에 사시고 우리를 통해 활동하시도록 우리 자신을 비워 드릴 때, 우리는 구세주의 사랑을 배울 수 있습니다.

본당과 신자 생활

:: 본당

　모든 성당은 각기 한 교구에 속해 있습니다. 교구敎區는 일정한 지역에 교황으로부터 임명된 주교를 중심으로 공동체를 이루는 하느님 백성의 교회를 뜻하며, 행정상 한 구역이기도 합니다. 현재 우리나라에는 남한에 14개, 북한에 3개의 교구가 있으며, 군부대를 별도로 관할하는 군종 교구가 있습니다. 각 교구는 다시 구역별로 나뉘어 본당이 관할합니다. 따라서 본당별로 관할 구역이 정해져 있고, 각 본당 신부는 그 구역을 맡아 활동합니다.

　본당 신부의 주요 활동은 성사의 집행입니다. '성당'이 거룩한 집을 뜻하는 일반적인 단어라면 '본당'은 행정적

의미에서 소속 또는 조직의 개념을 나타냅니다.

본당에서는 성사 생활을 하는 하느님의 자녀가 많아지도록 선교 활동을 펴야 합니다. 그래서 본당은 본당 구역과 소속 신자라는 형태의 체계적 조직을 이루어 사목 활동을 하고 있습니다. 이를 위해 본당 신부는 사제관司祭館에서 숙식하며 사무실을 두어 교회 업무를 처리합니다. 또한 각종 신자 단체를 조직해 수녀 및 평신도들과 더불어 단체를 지도하고 교리반을 운영하며 전례를 준비하는 등 신자들의 신앙생활을 위해 노력합니다.

이상의 모든 사제의 활동을 사목司牧이라고 합니다. 신자들이 많아져 본당 업무가 늘면, 해당 교구의 주교는 주임 신부를 도울 보좌 신부를 임명해 파견할 수 있습니다. 주임 신부는 원활한 본당 행정과 사목을 위해 신자들 가운데 적임자들을 선임해 평의회(사목협의회, 재무평의회 등)를 구성합니다. 이들을 '사목위원'이라고 하며, 사제의 사목에 조언과 협조를 하도록 되어 있습니다. 또한 본당은 관할 지역을 구역으로 나누고, 다시 그 구역을 반으로 나누어 구역장 및 반장을 두고 신자들이 함께 신앙생활을 하며 성장하도록 배려하고 있습니다.

본당의 모든 신자는 성사 생활을 해나가는 가운데 성체

(그리스도)를 중심으로 전례(종교적 외적 행위)를 통한 내적 연결을 이루어 그리스도의 신비체를 완성해 나가야 합니다. 이처럼 눈에 드러나는 모습으로, 한편으로는 눈에 드러나지 않는 모습으로 신자들이 그리스도를 머리로 하고 그분의 지체로서 신비체를 이루는 점이 가톨릭교회의 특징 중 하나입니다.

:: 사제관과 수녀원

사제관에는 본당 신부의 숙소와 집무실이 있습니다. 사제관은 본당 신부가 숙식하는 곳이므로 청소나 빨래, 취사 등 일반 가정 살림의 형태가 이루어집니다.

그리고 각 본당의 요청에 따라 수도회 모원母院으로부터 수녀가 파견되어 나오며, 일반적으로 2명 이상의 수녀들이 공동생활을 합니다. 본당의 수녀들이 거처하는 곳을 그 수도회의 분원分院이라고 합니다. 본당의 수녀는 수도회 모원과 해당 본당의 주임 신부의 지시를 따릅니다.

본당의 사제관이나 수녀원의 생활을 유지하기 위한 비용은 교구에서 정한 규정에 따라 본당이 부담합니다.

:: 본당 사무실

본당 사무실에서 일하는 분들은 일반적으로 사무장과 사무보조원으로 구성됩니다. 본당 사무실의 업무는 신자들이 성사 생활을 원활히 하도록 제반 사항들을 기록하고 정리하는 일입니다. 교회는 국가의 호적 및 주민등록과 유사한 교적을 가족 단위로 만들어 신자들의 기록을 관리합니다. 이는 사목 활동을 위한 기본 자료가 됩니다. 교적에는 가족 사항과 각 신자의 세례 및 견진성사, 혼인성사를 받은 일시와 장소가 기록되며 성사를 받은 곳에서 쉽게 증빙서류를 찾을 수 있도록 성사 대장 번호를 매겨 기록합니다. 또한 여기에는 매년 판공성사의 실행 여부가 기록됩니다. 이렇게 교적을 정리하고 각종 성사에 관한 집행 사항을 기록하는 일 외에도 본당 사무실에서는 교무금의 수납, 회계 업무의 정리, 사목일지의 기록, 교회 문서의 수·발신 등의 업무를 담당합니다. 가령, 세례를 받고 새 신자가 되면 사무실에서는 그 사람을 세례 대장에 기록하고 교적을 만들어 반을 편성하고 교무금 수납 대장에 명단을 올리게 됩니다.

:: 본당의 관할 구역과 사목 활동

본당 신부는 본당 구역 내에 사는 신자들에 한해서 교회의 성사 집행권을 갖고 있습니다. 그러므로 다른 본당에 교적을 두고 사는 분들은 가끔 어려운 경우를 당할 때가 있을 것입니다. 예를 들어, '갑'이라는 본당에 교적을 두고 있으면 '을'이라는 본당에 병자성사를 청할 수 없습니다.

본당 신부의 가정 방문 때에도 다른 지역에 살고 있는 본당 신자들에게는 가지 않는 것이 신부들 사이의 예의입니다. 그러나 병원에 입원해 있는 경우에는 본당 신부가 방문해야 정상입니다. 왜냐하면 병원은 거주지와는 무관한 곳이며, 병원 근처에 있는 본당 신부들이 이 문제를 모두 부담할 수는 없기 때문입니다.

그러므로 우리가 본당에 교적을 두고 교무금을 내는 것은 본당 신부가 우리의 성사 생활 전체를 돌보아 줄 것을 약정하는 것이라고 할 수 있습니다. 견진성사, 성품성사, 혼인성사를 받을 때는 물론이고 교회에서 신앙생활을 영위하기 위해 필요한 각종 교회 행정상의 증명서 발급(세례·견진·혼인성사 증명서는 성사를 받은 본당에서 성사 대장을 관리하기 때문에 그곳에서만 발급합니다), 신학교 입학, 수도회 입회, 교회 기관 취업 등에 필요한 추천장이나 확인서 등도 교적이 있는 본당에서 발급하게 되어 있습니다. 본당에 교적이 없으면 본당 신부는 행정상 자기 권한 밖의 신자로 간주합니다.

그리고 다른 본당에서 판공성사를 받은 경우에도 성사표를 자기 본당에 제출해야 교적에 정리가 됩니다. 3년 동안 6번의 판공성사를 받지 않으면 교적상 쉬는 신자(냉담 신자)라고 할 수 있습니다.

:: 구역(반) 모임

세례를 받은 후, 또는 이사를 가서 본당 사무실에 전입 사실을 알리면 새로 소속되는 구역(반)을 가르쳐 줍니다. 대개 월 1회 또는 그 이상의 구역(반) 모임이 있습니다. 이웃에 살고 있는 신자들과 알고 지내며 관혼상제 외에도 집안일들을 함께 어울려 해나가면 좋습니다. 구역(반) 모임이라는 소공동체의 활성화는 가정생활의 성화와 동네 신자들의 협력에 효과적입니다. 그리고 본당의 행정적 조직을 활성화하는 데 그 기초를 이루는 구역(반) 모임을 통해 본당에 소속되어 살아가는 가톨릭 특유의 일치감을 느낄 수 있습니다.

:: 이사를 갈 때

이사를 갈 때는 살던 곳의 구역장(반장)과 구역(반) 사람들에게 인사를 하고 가면 좋겠습니다. 물론 본당 신부님께도 인사를 드려야겠지요. 그리고 본당 사무실에 들러 교무금을 정리하고 교적 전출을 신청한 다음, 이사 갈 곳의 주소와 전화번호를 알립니다. 그러면 본당 사무실에서 전출자 명단에 기록한 후 교적을 이전하도록 도와줍니다. 대개 우편이나 인터넷을 이용해 이사를 가는 본당으로 교적을 보냅니다. 때에 따라서는 본인이 직접 교적을 이사한 곳의 본당으로 가져가 전입신고를 할 수도 있습니다. 이사 간 동네의 본당에 교적이 도착했는지 확인한 후 교무금 카드를 재발급 받습니다.

그리고 이사했을 때나 여행 중 그 구역 내의 성당을 찾고자 할 경우에는 114에 전화해 '그 지역(동, 면, 읍)의 이름+성당'을 문의하면 안내를 받을 수 있습니다. 일반적으로 성당 명칭은 그 지역의 이름을 따르기 때문입니다.

∷ 교구청 안내

한국 각 교구청의 전화번호와 인터넷 주소는 다음과 같습니다.

【서울 관구】

서울대교구청	02) 727-2114	www.catholic.or.kr
수원교구청	031) 256-3478	www.casuwon.or.kr
춘천교구청	033) 240-6000	www.diocc.or.kr
대전교구청	042) 630-7700	www.tjcatholic.or.kr
인천교구청	032) 765-6961	www.cainchon.or.kr
원주교구청	033) 765-4222	wonju.catholic.or.kr
의정부교구청	031) 870-1784	u.catholic.or.kr
평양교구 서울 사무소	02) 453-7661~2	

【대구 관구】

대구대교구청	053) 250-3000	www.tgcatholic.or.kr
부산교구청	051) 629-8710~1	www.catholicpusan.or.kr
청주교구청	043) 253-8161~3	cheongju.catholic.or.kr
마산교구청	055) 249-7000	www.cathms.or.kr
안동교구청	054) 858-3111~3	www.acatholic.or.kr

【광주 관구】

광주대교구청	062) 510-2800	www.kjcatholic.or.kr
전주교구청	063) 285-0041~3	www.jcatholic.or.kr
제주교구청	064) 751-0145	www.diocesecheju.org

【특수 사목 교구】

군종교구청	02) 749-1921~3	www.gunjong.or.kr

신자와 교회 살림

"전능하신 아버지, 간절히 청하오니 거룩한 천사의 손으로 이 제물이 존엄한 천상 제단에 오르게 하소서. 그리하여 이 제단에서 성자의 거룩한 몸과 피를 받아 모실 때마다 하늘의 온갖 은총과 축복을 가득히 내려 주소서."(미사통상문 96항, 감사기도 제1양식)

:: 하느님께 드리는 제물인 봉헌금

그리스도인들이 창조주이신 하느님 아버지께 드리는 찬미와 흠숭과 감사의 제사가 곧 미사입니다. 그리고 이때 제물로 바치는 것이 바로 봉헌금입니다. 교무금은 교회 운영에 동참하는 것이므로 봉헌금과는 전혀 다릅니다. 집에 귀한 손님이 오시면 잘 대접하고자 음식을 장만하듯, 주일과 대축일에 성전에 다 같이 모여 하느님을 모시기 위해 바치는 제물이 봉헌금입니다. 따라서 봉헌금은 속된 일을 위해 사용할 수 없으며 하느님께서 원하시는 거룩한 일에 쓰이게 됩니다.

:: 본당 살림을 위한 재원

교회 운영에 동참하는 뜻으로 그 경비의 일부를 의무적으로 납부하는 교무금과 미사 때 정성껏 바치는 봉헌금 등이 본당 살림을 위한 재원이 됩니다. 성당 건물을 유지하고 교회를 운영하는 경비가 모두 여기서 충당됩니다. 따라서 교무금은 일정한 금액을 일정한 날에 납부함으로써 본당의 월별 운영에 차질이 없도록 해줘야 합니다. 교무금에는 교회 생활과 자신의 생활을 구분하지 않고 하나로 묶어 자신의 수입에서 지출을 분배해 본당에 낸다는 뜻이 있습니다. 그러므로 본당에 교적을 두고 내는 교무금은 곧 본당에 속해 있는 자신의 신앙생활과 교회가 합당한 관계를 형성하는 것입니다.

봉헌금과 교무금 외에 본당의 재원으로는 특별 헌금과 기부금, 제반 예금 이자, 잡수입 정도가 있으며 본당에 따라 특별히 묘지나 부속기관의 수입, 장소 대여료 등이 있습니다.

각 가정과 교회가 일치를 이루는 데 기초가 되는 교무금 납부에 빠짐없이 동참합시다.

:: 본당 살림의 지출

본당 살림의 지출 사항들을 나열하면 대개 다음과 같습니다.

제반 전례 비용, 전교 비용, 단체보조비, 교육비, 주일학교 운영비, 교구 납부금, 행사비, 시설비, 영선비, 인건비, 본당 신부의 생활비, 수녀의 생활비, 성무 활동비, 사무비, 제세공과금, 연료비, 교통비, 소모품비, 찬조비(이웃돕기), 복리후생비, 지불 이자, 퇴직금, 기타 잡비 등입니다.

이와 같은 본당 살림을 책임지는 본당 신부의 하루는 한가롭지 못합니다. 신부는 본당의 공금을 책임 있고 뜻

있게 사용하고자 노력합니다. 신부는 본당 살림의 모든 재정 결과를 교구청에 매월 보고하며, 연말에는 종합적인 보고를 합니다.

뿐만 아니라 본당의 모든 돈은 곧 신자들이 낸 것이므로 재정 관리의 결과를 주보나 기타 유인물을 통해 모든 신자들에게 공개합니다. 연말에는 1년 회계 결산과 사목 평가를 내리고, 교구의 사목 방침에 따라 다음 해의 회계 예산과 사목 방향을 설정하며 그 계획을 수립합니다. 이는 분명 쉬운 일이 아닙니다. 그러므로 사목 계획을 설정하고 예산을 편성하는 등 본당 신부가 하는 모든 일에 사목회 회장이 성심껏 협조하고 도와야 합니다.

:: 영적 재원

교회는 신자들에게 꼭 물질적 재원만 요구하는 것은 아닙니다. 기도나 봉사 활동 등 시간과 영적 재원도 필요로 합니다. 그리고 가난하거나 처지가 곤란한 신자로서 기본적인 생활을 유지하기 어려울 때는 오히려 본당의 도움을 받을 수도 있습니다. 이런 경우에는 물적 재원 대신 기도나 봉사 등 영적 재원을 통해 되돌려 바칠 수 있습니다. 여기서 모든 판단은 각자의 자유에 맡겨집니다.

:: 교구 납부금

교구장을 중심으로 교구의 업무를 맡아보는 곳이 교구청입니다. 교구청은 각 본당에서 이루어지는 사항들을 종합하고, 모든 본당들이 활성화되도록 각종 계획을 세우거나 알려 주며 지시를 내리기도 합니다.

그리고 몇 년에 한 번씩 주교는 사목 방문을 통해 본당의 자세한 상황을 보고 받습니다. 교구청에는 교구장을 도와 일하는 여러 부처가 있고, 그 책임은 신부들이 주로 맡습니다. 교구청은 본당들의 활성화와 일치 문제 외에도 사회사업, 사제 양성 및 교육, 사제의 인사이동, 신설 본당 후원, 다른 교구와의 협조, 국내외적 또는 교회 내외의 상호 협조, 주보와 같은 교구 홍보 및 교육 자료의 발행과 발간 등을 처리하며 부문별로 교구장의 업무를 보필하고 교구장의 방침에 따라 업무를 수행합니다. 언제나 일치를 이루는 공동체로서, 가톨릭교회의 각 본당들은 교구장 주교의 업무를 수행하는 교구청의 지침에 따라 순명 정신으로 협조합니다. 본당뿐만 아니라 교구에 속한 모든 교회 단체들도 교구장의 지침과 방침, 업무에 협조해야 합니다. 작은 본당이나 특수 사목 분야는 교구로부터 재정 지원을 받지만, 그 밖의 본당은 본당별로 교구가 책정한 금액을 납부할 의무를 가집니다. 본당이 내는 교구 납부금은 교회 전체를 위해 필요하기 때문입니다. 이 납부금은 본당의 재정을 감안해 책정되며, 그 금액에 따라 교구의 예산과 교구 방침이 설정됩니다.

:: 제사의 봉헌을 부탁하는 미사 지향

매일 미사를 드리는 것이 사제들의 의무는 아닙니다. 미사를 드리기 위해서는 먼저 제사를 바칠 사제가 있어야 하고 참여하는 신자들이 있어야 합니다. 제관이 혼자서 제사를 올린다는 것은 제사의 본뜻에 맞지 않습니다. 그러므로 교회는 사제들에게 가능하면 혼자 미사를 드리지 말고 신자들과 함께 봉헌하라고 권합니다. 그래서 미사의 기도문 자체가 신자들과 함께 바치도록 되어 있습니다.

사제는 제사를 올리는 제관입니다. 미사는 앞서 설명한 바와 같이 신자들이 올리는 제사입니다. 그러므로 미사를 청하는 사람이 있어야 미사를 드리는 것이 정상입니다. 미사를 청하는 사람과 그 청을 받아들여 미사를 봉헌하는 사제 사이에는 계약이 체결되며, 이 계약에 따라 사제는 미사를 드릴 책임을 지게 됩니다. 그리고 이 책임을 수행한 사제는 그에 따른 보수를 받을 수 있습니다. 이를 미사 예물이라 하는데, 미사를 청할 때 내는 예물, 곧 어떤 지향을 갖고 미사를 봉헌해 줄 것을 청하는 예물입니다. 기도 중의 기도이자 가장 거룩한 제사로서 무한한 은혜를 받을 수 있는 미사를 청해 누군가를 위해 바친다면, 그 사람에게 그보다 더 큰 영적 선물은 없습니다.

약속한 미사를 청한 사람의 지향에 따라 바친 사제는 그 예물을 개인적으로 쓸 수 있으며, 이는 교회법에 따라 관할 주교가 정한 규칙에 따릅니다. 일반적으로 사제는 하루에 한 미사의 예물만 가집니다. 그 외의 미사 예물들은 개인이 쓸 수 없도록 되어 있으며, 교구청에서 공동으로 모아 관리하고 모든 사제들에게 적절히 분배합니다. 교구에 따라서 미사 예물을 공유하고 사제의 수품 연한에 따라 정해진 금액만 쓰기도 합니다. 또 본당에 들어온 미사 예물이 별로 없으면, 그 본당의 사제는 교구청에 올라온 미사 예물을 쓰기도 합니다.

미사의 지향은 천상 교회와 지상 교회 모두를 대상으로 할 수 있습니다. 즉, 살아 있는 사람을 위해 미사를 바칠 수 있습니다. 죽은 이들을 위해 신자가 되기 전에 올리던 차례나 제사 대신 미사를 바치는 것도 아주 좋은 방법입니다.

미사 예물은 사무실이나 본당 수녀 또는 사제가 접수하며, 그 금액은 정해져 있지 않습니다.

묵주기도

:: 묵주기도의 유래

묵주란 말은 장미 꽃다발을 뜻하는 라틴어(Rosarium)에서 유래했습니다. 묵주기도는 가톨릭교회에서 바치는 전례 밖의 기도 중 가장 널리 보급되고 가장 많이 바치는 기도입니다.

묵주기도는 성모 마리아를 통해 우리가 하느님과 대화하는 가운데 살도록 합니다. 또한 그리스도께서 가르치고 이루신 구원의 신비를 묵상하며 우리를 성화의 길로 이끌어 줍니다. 성모님은 우리에게 필요한 은혜를 하느님께 청해 주십니다. 우리는 세계 평화는 물론, 조국의 안녕과 발전, 자기 자신의 영육간의 풍요와 가정의 성화를 위해

끊임없이 묵주기도를 바쳐야 합니다.

:: 묵주기도의 역사

 묵주기도의 기원은 옛날 니네베 시대까지 거슬러 올라갑니다. 당시 신자들은 같은 내용의 기도를 반복해서 바치면서 기도의 횟수를 세기 위해 구슬이나 마른 씨, 조약돌 등을 사용했습니다. 불교나 다른 종교들에서도 이런 기도 방법을 도입했으며, 구멍이 뚫린 나무판을 사용한 종교도 있다고 합니다.

 묵주기도는 도미니코 수도회에서 시편 150편을 매일 외운 데서 비롯되었다고 합니다. 수도자들은 시편 150편으로 기도하며 묵상했고 평신도들도 이 기도를 따라서 바치고 싶었으나 너무 길고 어려워 '주님의 기도'만 150번 염송했습니다. 그래서 묵주기도를 '주님의 기도'라고 불렀으며 지금도 그렇게 부르는 나라가 있다고 합니다.

 12세기 중엽, 성모송이 일반화되면서 묵주기도에 활용되었습니다. 15세기에 이르러서는 예수님의 구세사를 성모님과 관련지어 묵상하는 기도로 바뀌었습니다. 16~17

세기에 성모송을 많이 바치게 되면서, 150번의 묵상이 세 가지 신비의 15개 묵상으로 줄어들었습니다. 그리고 최근에 한 가지 신비의 5개 묵상이 추가되어 오늘날의 로사리오 현의(玄義, 간직된 깊은 뜻)가 되었습니다.

:: 묵주기도의 구성

묵주기도는 다음에 나오는 기도들을 바치도록 구성되어 있습니다.

1. 사도신경 : 교회의 중요한 신앙 조목을 고백하는 기도문입니다. 묵주기도를 시작할 때 교회의 신앙 조목을 겸손한 마음으로 받아들이고 고백하기 위해 이 기도를 바칩니다(1번).
2. 주님의 기도 : 예수님이 우리에게 친히 가르쳐 주신 기도문입니다. 깊은 교리를 담고 있는 이 기도는 인간의 지혜로는 도저히 지어낼 수 없는 완전무결한 기도문입니다. 그래서 묵주기도를 바칠 때에도 각 단을 시작할 때 1번씩 바칩니다.

3. 성모송 : 가브리엘 대천사가 마리아께 드린 최상의 인사 말씀(은총이 가득하신 마리아님…)과 우리가 성모님께 간구하는 신심의 말씀(천주의 성모 마리아님…)으로 이루어진 기도문입니다. 각 단마다 10번씩 바칩니다.
4. 영광송 : 하느님의 말씀을 찬미하는 기도이며, 성모송을 10번 바친 후 1번 바칩니다.
5. 구원송 : 파티마에서 발현하신 성모님이 바치라고 권하신 기도문입니다. 우리와 다른 이들, 특히 도움을 필요로 하는 이들의 구원을 청하는 기도로, 오늘날 묵주기도를 바치는 대부분의 신자들은 각 신비 1단을 마칠 때마다 이 기도를 바칩니다.

가정과 성사 생활

:: 집 안의 거룩한 장식

교우들의 가정을 방문할 기회가 있는지 모르겠습니다. 교우들의 가정에 가 보면 대개 벽에 십자가를 모셔 두고, 그 근처에는 성화聖畵를 걸고, 책상이나 작은 테이블 위에 성상聖像을 모셔 둡니다. 또 어떤 가정에는 성수 그릇을 현관 벽에 설치해 놓기도 하고, 때로는 십자가와 촛대로 작은 제대를 꾸며 놓기도 합니다. 이런 분위기는 온 가족의 신앙생활에 큰 도움이 됩니다.

:: 신자 가정 분위기의 구상

가정이나 방을 각종 성화나 성물로 꾸미는 것은 교회가 예로부터 권장하는 일입니다. 그러나 잘 정돈되어 있지 않다든지 이해하기 어렵게 꾸며 놓으면 오히려 남에게 거부감을 주고 같은 신자 입장에서 보아도 어색해 안쓰러울 때가 있습니다. 예를 들면, 방 하나에 십자가가 하나만 있어도 될 텐데 여러 개를 걸어 수집하듯 진열하거나 큰 성모상 옆에 작은 예수님상을 함께 놓음으로써 예수님이 성모님의 보조 역할을 하는 것처럼 느끼게 하는 점 등이 그렇습니다.

그러므로 방마다 다양한 십자가나 성상 또는 성화를 예술적으로 적절히 모시는 것이 좋으리라고 봅니다. 성물이나 성화, 특히 십자가를 바라보며 어느 순간 자신도 모르게 하느님을 향한 마음이 조금씩 자라남을 부인할 수 없을 것입니다. 그렇게 우리의 기도 및 신앙생활도 성물에 대한 친근감이나 관심의 유발과 함께 점차 깊어 갈 것입니다.

: : 가정의 기도실

집에 남는 방이 있다면 기도실을 따로 차리는 것도 좋습니다. 하지만 큰방의 한 면이나 구석에 작은 제대를 차려 놓은 것만으로도 충분합니다. 십자가, 촛대, 성수, 꽃병, 기도서, 성경 등으로 아담하게 꾸며 놓고, 그 앞에서 아침기도나 저녁기도를 드려 보십시오. 때로 이웃과 함께 기도할 수 있다면 더 좋겠지요.

가끔 시간을 내어 조용히 깊은 영적 묵상에 잠기는 일도 우리 생활을 더욱 깊고 풍요롭게 해줍니다. 그리고 가족이 돌아가며 기도를 주관하거나 성경을 봉독하고 성가를 부르는 등 기도 프로그램을 매주 혹은 매월 새롭게 바꾸어 진행하면 풍요로운 신앙의 세계를 가정에서도 펼쳐 나갈 수 있을 것입니다. 이렇게 생활한다면 가족은 내적으로 더욱 깊이 일치할 것이고, 개인의 신앙 형성에도 큰 도움이 되리라 확신합니다.

:: 혼인성사의 준비

양측 모두 세례를 받은 사람끼리의 결혼을 혼인성사라 하며, 어느 한편만 세례를 받은 신자의 혼인인 경우에는 관면혼인이라고 합니다. 세례를 받은 가톨릭 신자는 교회법에 따라 결혼해야 합니다. 그렇지 않고 사회 예식으로만 결혼하면, 그 신자는 교회의 모든 성사를 받을 수 없게 됩니다. 이런 상태로 사는 것은 간음하는 생활로 간주되기 때문입니다. 그러므로 이러한 일이 없도록 아래의 사항들을 명심했다가 결혼할 때에 꼭 지키기 바랍니다. 최소한 혼인하기 한 달 전에 반드시 본당 사무실에 찾아가 안내를 받아 아래와 같이 하면 됩니다.

1. 서류 준비 : 호적 등본과 세례 증명서를 한 통씩 준비합니다. 호적 등본은 6개월 이내의 것이어야 하고, 세례 증명서는 세례를 받은 본당에서만 발급합니다.
2. 장소 결정 : 관례적으로 여자 쪽 본당이 우선인데 남자 쪽 본당이나 그 외 다른 본당도 가능합니다. 그러나 본당 신부의 양해를 얻도록 합니다. 장소 예약은

미리 알아보아야 합니다.

3. 주례 신부 : 통상 여자 쪽 본당의 주임 신부가 혼인 주례권을 갖고 있습니다. 그러므로 다른 신부에게 주례를 부탁할 때는 먼저 본당 신부에게 알려 다른 신부에게 위임하도록 해야 합니다.

4. 서류 작성 : 결혼할 두 사람은 한 달 전에 여자 쪽 본당(이것이 통례이나 경우에 따라서는 남자 쪽 본당으로 정해도 됨)의 주임 신부와 면담을 약속(시간은 사무실에서 정해 줌)하고 준비한 호적 등본과 세례 증명서를 가지고 만납니다. 그때 혼인 신청서, 혼인 전前 진술서 등 필요한 서류를 꾸밉니다. 이때 도장(서명도 가능함)도 지참해야 합니다. 때로는 남녀 각각 자기 본당에서 서류를 작성해 갖고 오게 하기도 합니다.

5. 증인 선정 : 남 · 여 각 1명씩을 증인으로 세우되 가능하면 신자로 택합니다. 증인은 혼인 의식 때 신랑 신부 옆에 꼭 참관해야 하며, 예식 후 혼인 서약의 증인으로서 서명을 합니다.

6. 약식 혼인 : 손님 초대(또는 미사) 없이 혼인할 당사자와 증인 등이 참석해 혼인 서약만 하는 간략한 혼인을 가리키며, 사목상 타당한 이유가 있을 때 가능합

니다.
7. 기타 사항 : 결혼 전에 종합 건강 진단을 받습니다. 서로 의학적으로 건강을 확인하는 것은 양가에 드리는 예의입니다. 적성 검사도 함께 받아 행복한 삶을 위해 도움을 받도록 합시다.

:: 병자 영성체

공동체 미사에 참여하지 못하는 신자들, 특히 거동이 불편한 환자라도 집에서 성체를 모시도록 하는 것이 병자 영성체(전에는 '봉성체'라고 함)입니다. 본당에서는 대개 병자 영성체 날을 정해 놓고 신부가 환자들을 방문해 고해성사를 베풀고 성체를 영해 줍니다.

병자 영성체를 위한 준비로, 우선 환자의 방을 깨끗이 정리합니다. 그리고 작은 상에 흰 보나 종이를 씌운 뒤, 그 위에 십자고상, 초와 촛대, 작은 종지와 숟가락(환자의 입안이 말랐을 때 성체를 모시기 쉽게 하기 위함)을 놓습니다. 신부가 도착해 고해성사를 줄 때는 모두 방에서 나가 있다가 끝나면 다시 들어가 예절에 함께 참석합니다.

:: 병자성사

교우가 중병에 걸렸거나 노환 또는 숙환 중이거나 죽을 위험이 따르는 대수술을 받은 경우에 받는 성사입니다. 병자성사를 청할 때는 환자의 증상이나 상태를 신부에게 미리 알려 주어야 합니다. 즉, 성체를 모실 수 있는지, 고해성사를 받을 수 있는지, 병자성사를 받을 교우의 의식 상태와 마음 상태에 대해 대략이라도 설명해 주어야 합니다. 준비 사항은 병자 영성체 때와 같습니다.

:: 임종 때

교우라면 그 어느 때보다도 이웃이 상喪을 당했을 때 꼭 찾아가 기도해 주고 유가족을 위로해 줘야 합니다. 초상을 당한 집에 방문하는 것은 자신의 영적 생활에도 큰 도움이 될 뿐만 아니라 이웃에게 전교의 효과도 매우 큽니다. 그리고 자기 집안에서 상을 당하면 어떻게 하는 것이 좋은지를 미리 배우는 기회도 됩니다.

환자의 병세가 심각해지면 소속 구역의 반장에게 우선

연락해 도움을 부탁합니다. 반장은 다른 교우나 본당에 알리고 필요한 조처를 취할 것입니다. 그러면 많은 교우들이 와서 도와주고 함께 기도해 줄 것입니다. 만일 반장이 부재중이라 연락이 안 될 경우에는 본당 사무실에 알려서 연락을 취하도록 요청해야 합니다. 그 외에 임종을 준비하고 상을 치르는 여러 가지 일들은 선종 봉사회와 오래된 교우 등이 서로 도와줄 것입니다.

이런 일이 언제 닥칠지 모르므로 우리는 본당과 긴밀한 연관 속에, 또 교우들과 함께 어울려 살아가야 합니다. 교적을 먼 곳에 두고 혼자 주일에 이 성당 저 성당을 옮겨 다니며 미사에만 참례하는 정도의 신앙생활을 하다 보면 가정에 우환이 닥칠 때 도움을 받기가 어렵습니다. 그래서 가톨릭교회는 본당 중심의 공동체 생활을 강조하고 있습니다. 고독하게 신자 생활을 하지 않도록 합시다.

교회 내 여러 단체들

:: 본당의 기본 단체들

가. 사목 협의회 : 본당의 회장단으로 본당 일 전반에 걸쳐 협조하고 자문에 응하는 단체입니다. 주임 신부의 사목 활동을 도와주는 평신도 단체로 주임 신부의 임명을 받아야 합니다.

나. 반장단 : 본당의 구역을 반으로 나누어서, 신자들은 신앙생활의 유지와 발전을 위하여 반 모임을 갖습니다. 이때 각 반의 봉사자로 활동하는 분을 반장이라 하며, 본당 신부가 임명합니다. 반장은 반원들의 신앙생활을 돕고 본당의 사무행정 업무에 협조합니다.

:: 성사 집행을 돕는 단체들

가. 복사단 : 미사나 그 밖의 성사를 집행할 때 주례 사제 옆에서 돕는 이들(복사服事라 한다)로, 대부분 어린이들이나 때로는 어른들이 하기도 합니다.

나. 해설단 : 미사나 그 밖의 성사를 집행할 때 진행을 알리고 참여자들을 돕는 이들의 단체를 가리킵니다.

다. 독서단 : 미사 때 독서를 봉독하는 사람들의 단체입니다.

라. 헌금 봉사단 : 주일 미사의 봉헌 예절을 돕는 이들을 말하며, 헌금 봉사자 또는 헌금 위원이라고 부릅니다.

마. 성가대 : 전례에서 음악을 담당하는 단체로, 지휘자와 반주자, 성가를 부르는 대원으로 구성됩니다. 이들을 성가대원 또는 합창단원이라고 부릅니다.

바. 그 밖에 본당의 편의에 따라 주보를 배부하거나 미사 참례자의 좌석을 안내하는 등 기타 질서를 돕는 단체가 있을 수 있습니다.

:: 종교 교육을 위한 단체들

가. 주일 학교 : 유치부, 초등부, 중고등부, (청년부) 등이 있습니다. 종교 교육을 위한 조직이며 본당에 속한 교우들 중 각 연령에 해당되는 이들은 모두 참가해야 합니다. 주일 학교의 운영을 위해서는 교사단과 자모회가 있습니다.

나. 예비신자 교리반 : 가톨릭의 기본 교리를 가르칩니다. 세례를 준비시키는 과정으로, 예비 신자는 이 반을 꼭 거쳐야 합니다. 전교부, 선교부, 성가 지도부, 면담부 등이 예비 신자 교리반이 원활히 운영되도록 봉사합니다.

:: 본당을 초월해 조직되어 사목 활동을 돕는 단체들

가. 레지오 마리애Legio Mariae : "마리아의 군대"라는 뜻의 라틴어 이름으로, 군대 조직 방식으로 활동할 봉사에 관한 구체적인 지시를 받고 보고하는 신심 단체입니다. 대개 본당을 중심으로 활동하며 본당

활성화에 크게 이바지하고 있습니다. 제일 아래 조직을 쁘레시디움Praesidium이라 부르고, 그 위의 조직을 꾸리아Curia라고 합니다. 꾸리아는 꼬미시움Comitium 조직과 그 위의 레지아Regia에 속하게 됩니다. 레지아는 세나뚜스Senatus라는 전국 조직(국가 평의회)에 속하며, 세나뚜스는 세계 중앙 평의회인 꼰칠리움 레지오니스Concilium Legionis로 연결됩니다. 그리고 이에 속한 사람들을 레지오 마리애 단원이라고 합니다.

나. 꾸르실료Cursillo : "단기 교육 과정"이라는 뜻의 스페인어 이름이며, 교회의 활동이라면 무슨 일이든지 하려는 정신을 지닌 단체입니다. 이에 속한 사람들을 꾸르실리스타라고 하며, 추천을 거쳐 제한된 인원이 특별 교육을 받은 후 소속 본당의 울뜨레야라는 모임에 속하게 됩니다.

:: 본당 내에서 형성된 단체들

친목, 봉사, 취미, 신심 등을 목적으로, 본당 신자들로 구성된 단체들이 많습니다. 다른 본당과 조직상의 연결이 일체 없으며 그 본당 단체로서의 특성을 유지합니다.

:: 가톨릭 신자 전체를 대상으로 하는 종교 활동 단체들

군종 후원회, 푸른 군대, 성소 모임, 매리지 엔카운터(M. E.), M. B. W.(Movement for a Better World), 국제 마리아 사업회(포콜라레Focolare), 성령 쇄신 봉사회, 성 빈첸시오 아 바오로회 등이 있으며, 이들은 국내외에 본부를 두고 자체의 목적에 따라 활동합니다.

:: 직능별 가톨릭 일반 단체들

의사 협회, 간호사 협회, 농민회, 노동 청년회(J. O. C.), 직장별 모임, 사진가 협회 등 매우 다양합니다.

가톨릭 단체와 그 속성
모든 가톨릭 단체는 활동과 정관에 관해 교구장 주교의

인준을 받아야 하며, 교구장은 지도 신부 또는 지도 수녀를 임명합니다. 그렇지 않으면 가톨릭 단체로서 공식적인 활동을 할 수 없습니다. 각 단체는 나름대로의 발전과 더불어 교회의 발전을 꾀해야 합니다. 또 이웃 단체들과 유기적 교류를 맺는 것도 중요합니다.

단체의 활성화는 개인의 신앙 증진과 교회 발전을 위한 것
모든 단체 활동은 개인의 성화를 중시하며 이루어져야 합니다. 그러므로 무엇보다 성체를 중심으로 일치하는 정신이 있어야 합니다. 그리스도와 실제로 일치하지 않으면서 활동에만 전념한다면 내실이 없거나 비가톨릭적으로 흐를 수 있기 때문입니다.

:: 성당의 시설 및 장소 사용

성당을 관리하고 운영하는 책임자는 주임 신부입니다. 어떤 단체든지 성당 내의 시설이나 공간을 일시적 또는 고정적으로 사용하려면 사전에 주임 신부의 허락을 받아야 합니다. 그러므로 주임 신부는 각 단체의 성격을 참작해 필요한 단체에 일정한 공간을 전용 회합실로 쓸 수 있도록 배려합니다. 다만, 전용 회합실 역시 교회의 공적 시설이므로 교회가 그 단체에 허락한 본래의 목적에 맞게 사용해야 합니다.

그 밖에 여러 단체들이 회합실을 사용할 때도 본당의 허락을 받아야 합니다. 일정한 날 정한 시간에 회합을 함으로써 다른 단체나 본당 관리에 불편을 주지 말아야 합니다. 그러므로 본당 내 모든 시설은 사목자와 공동체가 지향하는 목표 아래, 본당의 운영 원칙에 따라 사용해야 합니다.

:: 단체 가입

본당의 활성화는 곧 교회의 발전을 의미합니다. 또한 신자들 측면에서는 신앙생활의 활성화에 따른 적극적 생활을 말합니다. 물론 혼자서도 적극적으로 신앙생활을 할 수 있습니다. 그러나 단체에 가입해 다른 사람과 더불어 신앙생활의 깊이를 더해 가는 것은 협동과 의지를 통해 효과를 배가할 수 있습니다.

단체에 입회(입단)하기 위해서는 대개 별다른 절차가 필요하지 않습니다. 우선 어떤 단체들이 있는지 알아보려면 본당 사무실이나 본당 수녀, 단체장들, 본당 신부에게 문의하면 됩니다. 들고 싶은 단체에 대해 더 자세히 알아보기 위해서는 그 단체의 회원을 만나 보는 것이 좋습니다. 그러면 대개 반갑게 맞아 줄 것입니다. 그러나 단체의 성격에 따라 입단 조건이 있는 경우도 있습니다.

하여튼 주저하지 말고 관심 있는 단체를 용감하게 나서서 알아보며, 그 단체에 들어가 새로운 분위기를 접해 보는 것이 좋습니다. 어떤 단체든 두세 번만 참여해 보면 어색한 분위기는 금방 사라질 것입니다. 신자들 모임이므로 일반 사회의 단체들과는 분위기가 사뭇 다를 수 있습니다. 되도록 단체에 가입해 활동하는 경험을 해봅시다.

선교 활동

"현대인들은 희망에 찬 생활을 하면서도 자주 공포와 불안 속에 떨고 있는 것이 사실입니다. 이러한 사람들에게 복음을 선포한다는 것은 오로지 그리스도교 공동체뿐만 아니라 인류 공동체에 맡겨진 확실한 책임이라 하겠습니다."(현대의 복음 선교 1)

:: 권고의 말씀

"이러한 사실을 형제들에게 주지시키면, 그대는 믿음의 말씀, 그리고 그대가 지금까지 따라온 그 훌륭한 가르침으로 양육을 받아 그리스도 예수님의 훌륭한 일꾼이 될 것입니다. 저속하고 망령된 신화들을 물리치십시오. 신심이 깊어지도록 자신을 단련하십시오. 몸의 단련도 조금은 유익하지만 신심은 모든 면에서 유익합니다. 현재와 미래의 생명을 약속해 주기 때문입니다. 이 말은 확실하여 그대로 받아들일 가치가 있습니다. 바로 그것을 위해서 우리가 열심히 노력하고 있습니다. 모든 사람 특히 믿는 이들의 구원자이신 살아 계신 하느님께 우리가 희망을 걸고 있기 때문입니다."(1티모 4, 6-10)

∷ 선교는 교회의 중요한 임무

우리는 미사 끝에 "가서 복음을 전합시다"라는 권고를 받습니다. 이 세상에 교회가 있는 까닭은 복음을 전파하기 위해서입니다. 천주교 신자의 수가 적은 한국의 실정상 복음 전파는 매우 중요하고 절대적인 사명입니다. 따라서 우리는 복음을 전파함으로써 하느님의 자녀답게 살 뿐 아니라, 이웃을 한 형제처럼 사랑해 신자로서 궁극의 목적에 다다라야 합니다.

:: 그리스도를 전하는 삶

영원한 진리를 따라 살며 행복을 맛볼 수 있는 믿음의 세계를 혼자만 알고 있을 것이 아니라, 이웃에게도 전하면 좋겠지요? 그러기 위한 가장 훌륭하고 효과적인 방법은 이웃에게 그리스도 정신으로 살아가는 나의 삶을 보여 주는 것입니다. 그리스도적 삶이라는 표현이 좀 막연하게 들리겠지만 사실 그 의미는 아주 간단합니다. 그것은 예수님이 가르쳐 주신 "사랑하라, 용서하라, 도와주어라, 기뻐하라"는 적극적인 태도입니다. 이렇게 생기 있고 적극적인 삶이야말로 사회를 정화하는 데 매우 소중한 것입니다.

:: 개신교 신자들과의 대화나 태도

간혹 개신교 신자들이 전교하는 것을 보면 어딘가 그 분위기가 가톨릭과 좀 다르다는 점을 느끼셨을 겁니다. 또 그들과 대화를 나눌 때 자신의 성경 지식이 부족해 시원하고 자신 있게 답변을 못하고 안타까움을 느낀 적도 있을 것입니다. 그래서 교리에 대해 더 잘 알고 가톨릭 서적도 많이 읽어야겠다는 자극을 받았다면 그것은 큰 덕을 본 셈입니다. 그러나 상대가 무조건 가톨릭을 비난하려고 말을 걸거나 시비로 시작할 때는 어쩔 도리가 없습니다. 그런 경우에는 되도록 감정이 상하지 않도록 유의하는 수밖에 없겠지요.

:: 개신교 신자들과 대화할 때의 요령

다음은 개신교 신자들과 대화할 때 유의하면 좋겠다고 생각되는 몇 가지 점입니다.
- 상대방이 인품을 갖추어 대화가 가능한 사람인지를 구분합시다.
- 그들이 갈라져 나간 형제들이라는 점을 염두에 두고 교회의 일치와 발전을 바라며 대합시다.
- 감정적으로 대하지 말고 논리적이고 이성적으로 있는 그대로의 사실을 들어 대화합시다.
- 질문에 답하는 응답자의 자세보다는 질문을 던질 줄 아는 입장에 서도록 합시다.

:: 개신교 신자들이 묻는 몇 가지 질문과 답

• 신부들은 왜 결혼을 못하는가?
☞ 못하는 것이 아니라 그리스도 공동체에 대한 봉사와 하느님 나라의 건설을 위해 하지 않는 것이다. 이는 자발적 맹세로 이루어진다.

• 천주교는 왜 마리아를 믿는가?
☞ 천주교 신자들은 오직 삼위일체이신 하느님을 믿는다. 성모 마리아께는 최고의 존경을 드릴 뿐이다.

• 하느님께 죄를 직접 고백하지 않고 인간인 신부에게 고백하는데, 인간이 인간의 죄를 사할 수 있는가?
☞ 고해성사란 하느님 앞에서 자기 죄를 알아내고, 통회하고, 결심한 다음에 이를 고백하는 것이다. 그리고 이는 그리스도의 명을 따라 사도로부터 이어받은 성사 집행에 의해 이루어진다. 예수님은 말씀하셨다. "나는 너에게 하늘나라의 열쇠를 주겠다. 그러니 네가 무엇이든지 땅에서 매면 하늘에서도 매일 것이고, 네가 무엇이든지 땅에서 풀면 하늘에서도 풀릴

것이다."(마태 16, 19)

:: 개신교 신자에게 던질 수 있는 질문

- 개신교가 가톨릭에서 갈라져 나간 이유를 아는가?
- 왜 성경이 가톨릭보다 숫자가 적은가(가톨릭 : 구약 46권, 신약 27권 / 개신교 : 구약 39권, 신약27권)?
- 예수님을 낳아 기르시고 그분의 가르침을 따라 사신 성모님을 왜 존경하지 않는가?
- 개신교에서는 왜 종교적 예술품들을 소홀히 여기며 종교적 심성 유발의 도구로 사용하지 않는가?
- "믿기만 하면 천당에 간다"는 말은 인간의 자유 의지를 무시하는 말이 아닌가? 다시 말해 덕행과 선행을 실천하고 인품을 기르며 하느님의 자녀가 되려는 인간적 노력의 가치는 무슨 의미를 갖는가?
- 인간으로서 지은 잘못을 인간의 조건에 맞게 회개하지 않고 초월적 신에게 감성적으로 고백한다고 하는데, 이는 자신의 잘못을 감추고 수치심을 미화하려는 것이 아닌가? 회개하는 용기가 사람에게 고백하는

경우와 신에게만 고백하는 경우 중 어느 때 더 강하다고 보는가?
- 예수님의 형상을 빼 버린 십자가는 로마 시대의 사형 틀에 불과하지 않은가?
- 개신교의 교회 재정은 누구의 소유인가? 한 목사가 목회하던 교회를 다른 목사에게 양도할 때 신도들의 수에 따라 프리미엄을 붙여서 넘기는 것은 거룩한 교회의 태도 같지는 않은데… 어떻게 생각하는가?

:: 가톨릭 교리는 인류의 지혜

전 인류의 지혜를 모두 모아 선별해 가장 옳은 것이라고 판단했다면, 그것은 언제나 그리스도의 가르침을 따라 이어 내려오는 가톨릭 교리와 일치합니다. 만약 일치하지 않는 점이 있다면, 이는 가톨릭 교리가 잘못된 것이 아니라 지도자들이 잘못 판단한 행정 탓이며, 곧 시정할 문제입니다. 인류가 가야 할 큰 행로에 대해 그리스도는 "나는 길이요 진리요 생명이다"(요한 14, 6)라고 제시하셨습니다. 피조물이 창조주께 가는 길을 구하는 것은 자연적 의무라 하겠습니다. 이는 마치 자식이 아버지를 찾는 것과 마찬가지기 때문입니다.

:: 이웃과 잘 사귀는 것이 선교의 첫째 방법

가톨릭을 종교로 택한 사람들은 대부분 친구의 권유나 신자들의 생활 태도를 보고서 그렇게 했다고 말합니다. 그러므로 신자들의 삶은 앞서 표현했듯이 '기뻐할 줄 알고 감사할 줄 알고 남을 진정으로 이해하며 용서할 줄 알고 사랑할 줄 아는 것'입니다.

이런 사람이라면 이웃에게 접근하려고 구태여 신경 쓰지 않아도 이웃이 먼저 접근해 올 것입니다. 신자의 마음이 오아시스 같은데 어찌 삶에 지치고 사랑에 목마른 사람들이 모여들지 않겠습니까? 나와 같은 종교를 가지라고 강요하기보다는 풍요로운 인간성과 삶을 나눔으로써 각자 스스로 가톨릭에 관심을 갖도록 유도하거나 권유하는 편이 좋겠습니다. 여기서 가톨릭 신자의 인품과 인격이 드러납니다.

"우리는 하느님께 감사드립니다. 그분께서는 늘 그리스도의 개선 행진에 우리를 데리고 다니시면서, 그리스도를 아는 지식의 향내가 우리를 통하여 곳곳에 퍼지게 하십니다. 구원받을 사람들에게나 멸망할 사람들에게나 우리는 하느님께 피어오르는 그리스도의 향기입니다."(2코린 2, 14-15)

전례 생활

"교회는 1년을 한 주기로 하여 그리스도의 신비를 기념한다. 전례에서의 기념이란 재현再現한다는 뜻이다. 2천 년 전의 그리스도의 신비를 오늘의 현실로 거행할 수 있는 이유는 그리스도께서 살아 계시기 때문이다. 부활하신 그리스도는 교회 안에 현존하시기 때문에 우리는 그리스도의 생애 각 부분을 전례로써 재현하고 전례 안에서 그리스도를 만나고 이 만남 안에서 무한한 은총을 얻고 하느님께로 나아가게 된다."(「생활교리」, 대구대교구 사목국)

:: 전례 생활과 축일

"거룩한 어머니인 교회는 한 해의 흐름을 통하여 지정된 날들에 하느님이신 자기 신랑의 구원 활동을 거룩한 기억으로 경축하는 것을 자기 임무라고 여긴다. (중략) 한 해를 주기로 하여, 강생과 성탄에서부터 승천, 성령 강림 날까지, 또 복된 희망을 품고 주님의 오심을 기다리는 대림까지 그리스도의 신비 전체를 펼친다. 이렇게 구속의 신비들을 기억하며, 자기 주님의 풍요로운 힘과 공로가 모든 시기에 어떻게든 현존하도록 그 보고를 신자들에게 열어, 신자들이 거기에 다가가 구원의 은총으로 충만해지도록 한다."(「제2차 바티칸 공의회 문헌」 '전례 헌장' 102항)

:: 1년의 전례 주기

전례 주기는 크게 대림 시기, 성탄 시기, 사순 시기, 부활 시기, 연중 시기로 나닙니다. 대림 시기는 주님의 성탄을 맞이하기 위해 준비하는 기간이며, 성탄 시기는 주님 성탄 대축일부터 8일 축제를 지나 주님 공현 대축일 후

토요일까지입니다. 사순 시기는 재의 수요일부터 40일 동안이며 예수님의 수난과 죽음을 묵상하며 지냅니다. 부활 시기는 부활 대축일부터 주님 승천 대축일까지의 시기를 말합니다. 1년 중 이 특별한 네 시기가 아닌 때, 곧 성탄 시기 이후 사순 시기 이전의 기간과 부활 시기 이후 대림 시기 이전의 기간을 연중 시기라고 합니다. 이상의 시기들을 지내는 교회 전례 주기의 매해 첫 출발은 성탄 4주 전인 대림 제1주일입니다. 가톨릭교회는 대림 제1주일부터 마치 새해를 시작하듯 예수님의 생애와 그 신비를 해마다 반복해 새롭게 되새기며 신자 생활을 합니다.

이러한 전례 주기는 세월이 흐르면서 엮어진 것입니다. 초창기 교회에서는 가장 큰 축일인 예수님의 부활을 특히 성대하게 지냈으며 그 축일을 중심으로 부활 시기가 먼저 이루어졌습니다. 4세기 중엽부터 예수님의 탄생에 관한 관심이 새롭게 부각되면서 성탄을 성대하게 지내는 풍습이 생기기 시작해, 그 축일을 중심으로 성탄 시기가 이루어졌습니다. 그리고 부활과 성탄 시기에 속하지 않은 연중 시기에 예수님의 다른 축일들과 성인들의 축일들이 첨가되며 오늘에 이르렀습니다. 1년 주기의 교회력이 구성된 것은 12세기부터라 할 수 있습니다. 이처럼 오랜 세월에 걸쳐 오늘의 전례 주기가 형성되었으므로, 처음 가톨릭 전례에 참여하면 이해하기 어려운 부분들이 많을 수도 있습니다.

:: 전례력

전례력은 일반 달력에 교회의 전례 주기에 따라 여러 (대)축일과 주일, 연중 시기를 기록하고 그에 따른 독서와 복음의 장절을 표시한 것입니다. 그러므로 전례력을 보면서 교회 전례상의 축일들을 지켜 나가면 매우 편리합니다. 요즘은 대부분 본당에서 만든 달력에 축일이나 미사의 독서와 복음 장절이 함께 기재되어 있습니다. 또 매일의 축일을 안내하고 미사의 독서와 복음의 본문을 수록한 「매일미사」 등의 책자들도 다달이 나옵니다. 그러나 전례력을 따로 원하는 분은 연초에 성물 판매소에서 쉽게 구할 수 있습니다(일반용과 사제용이 있음).

:: 여러 축일들

교회의 전례 축일 외에도 신앙생활 중 특별히 지내는 축일이 있습니다. 예를 들어 부모나 자녀, 대부·모, 본당 신부의 영명 축일을 비롯해, 본당의 주보성인 축일과 각 가정의 결혼기념일 및 생일 등이 있습니다. 이런 날이 다가오면 무엇을 해야 할지 혼자 걱정하지 말고 되도록 축일의 당사자나 이웃 신자의 의견을 듣도록 하십시오. 물질적 선물이나 영적 선물 등으로 무엇인가를 주고받는 것도 물론 좋지만 서로 의견을 나누면서 이웃과 공감대를 형성하면 더 큰 풍요로움을 느낄 수 있을 것입니다.

:: 의무적으로 미사에 참례해야 하는 축일

주일과 대축일은 중요한 날이므로 모든 신자들은 미사에 참례해야 합니다. 그것은 곧 피조물인 인간이 창조주이신 하느님께 큰 예를 올리며 그날을 거룩하게 지내야 한다는 뜻입니다. 대축일은 주일인 날도 있지만 그렇지 않은 날도 있습니다. 가톨릭 국가인 경우에는 대축일이

국경일로 지정되기도 합니다.

한국 교회의 의무 축일은 주일과 부활 대축일(부활 주일), 예수 성탄 대축일(12월 25일), 천주의 모친 성 마리아 대축일(1월 1일), 성모 승천 대축일(8월 15일)입니다. 그리고 보편 교회와 달리 한국 교회는 복되신 동정녀 마리아의 원죄 없으신 잉태 대축일(12월 8일), 성 요셉 대축일(3월 19일), 성 베드로와 바오로 사도 대축일(6월 29일), 모든 성인의 날 대축일(11월 1일)을 의무 축일로 지내지는 않지만 가능하면 미사에 참례하도록 권장하고 있습니다.

:: 영적 선물

물질적 선물은 누구나 다 잘 알겠지만, 영적 선물은 좀 생소한 말일 것입니다. 영적 선물이란 가톨릭교회에서 신앙 안에서 주고받는 선물을 말합니다. 이는 기도나 희생, 선행 등으로 주님께 받을 공과 덕을 선물하는 것입니다. 예를 들면 살아 있는 사람이나 돌아가신 분을 위해 미사를 봉헌하거나 미사에 참례할 수 있고 작은 희생이나 화살기도(짧고 단순한 기도), 묵주기도, 십자가의 길 등 특정

기도문을 바칠 수 있으며 성체 조배를 할 수도 있습니다. 대개는 'ㅇㅇ기도 ㅇ번' 하는 식으로 자기가 할 수 있는 범위 내에서 정해 영적 선물을 합니다. 평상시에도 누군가에게 이런 선물을 줄 수 있으며, 특별한 일이 있을 때 축하나 격려의 뜻으로 개인 또는 합동으로 그 숫자를 예쁜 카드나 패에 기록해 선물하기도 합니다.

:: 성월

가톨릭교회는 특별히 어느 달을 정해 집중적으로 신심이나 덕을 쌓고자 노력하는데, 그러한 달을 성월聖月이라고 합니다. 한국 교회는 해마다 다음과 같은 성월을 지냅니다.

3월　성 요셉 성월
5월　성모 성월
6월　예수 성심 성월
9월　순교자 성월
10월　묵주기도 성월
11월　위령 성월

:: 성년

성년聖年은 교회의 모든 구성원들이 회개하여 자기 생활을 쇄신하고 교회가 특별히 베푸는 대사의 은총을 받아 거룩해지기 위해 노력하는 해입니다. 성년은 하느님께서 특별히 축복하신 해로 받아들여, 죄를 뉘우치고 거룩히 지내며 빚을 탕감해 주고 노예들을 모두 고향으로 돌려보내는 해방 정신을 실천하는 해입니다(레위 25, 8-10 참조). 교회는 교황 보니파시오 8세 이래로 100년에 한 번씩 성년을 지내다가 교황 클레멘스 6세에 이르러(1343년) 구약 성경의 희년禧年 주기와 같은 50년에 한 번씩 지내게 되었고, 교황 바오로 5세는 1500년에 25년에 한 번씩 성년을 지내도록 제정·반포했습니다.

그리고 정기적인 성년 외에 특별 성년이 있습니다. 예컨대 1954년은 성모의 원죄 없으신 잉태 공포 100주년을 맞아 성년으로 선포되었고, 1983년은 예수님의 사신 나이를 33년으로 계산하여 예수님의 구원사업 1950주년을 맞아 성년으로 선포되었습니다.

정기 성년이나 특별 성년은 은총의 해이고 구원의 해입니다. 교회는 성년을 맞아 그리스도께서 우리를 위해 마련하신 무한한 공로를 구원의 선물로 더욱 풍성하게 받을 수 있도록 대사大赦를 허락합니다.

※ 전례 주년

	성 월	대 축 일	시기
11월	위령 성월	모든 성인(1), 그리스도 왕(연중 마지막 주일)	대림 시기
12월		성 프란치스코 하비에르 사제(2), 원죄 없이 잉태되신 복되신 동정 마리아(8), 예수 성탄(25)	성탄 시기
1월		천주의 성모 마리아(1일), 주님 공현(1월 2~8일 사이의 주일)	연중 시기
2월		재의 수요일(사순 시기의 첫 날)	사순시기
3월	성 요셉 성월	성 요셉(19), 주님 탄생 예고(25)	
4월	부활 주일(춘분 후 만월 지나서 첫 주)	성주간(성지 주일, 주님 만찬 성목요일, 주님 수난 성금요일, 성토요일), 예수 부활	부활 시기
5월	성모 성월	예수 승천, 성령 강림, 삼위일체, 그리스도의 성체 성혈, 예수 성심, 성 요한 세례자(24), 성 베드로와 바오로 사도(29)	부활 시기
6월	예수 성심 성월		연중 시기
7월		한국 성직자들의 수호자 성 김대건 안드레아 사제 순교자(5)	연중 시기
8월		성모 승천(15)	연중 시기
9월	순교자 성월	성 김대건 안드레아와 성 정하상 바오로와 동료 순교자(20)	연중 시기
10월	묵주기도 성월 (전교의 달)	아기 예수의 성녀 데레사(1)	연중 시기

순교 성인

:: 세례는 곧 순교

한국 순교자들의 전기를 살펴보면, 순교자들은 어느 날 갑자기 영웅적으로 목숨을 바쳐 순교한 것이 아닙니다. 그들은 믿기 시작한 날부터 순교하는 날까지 믿음을 지키기 위해 한결같은 순교 정신 속에서 살았습니다.

순교자들이 살던 시대에는 나라에서 천주교를 사악한 가르침(사교)으로 단정해 믿지 못하게 함은 물론, 천주교와 관련된 것은 모두 없애야 한다고 생각했습니다. 따라서 천주교 교리를 배우고 세례를 받는 그 자체가 곧 죽음을 선택하는 것이었습니다. 순교 성인들은 이 사실을 잘

알면서도 하느님을 믿었습니다. 그들은 세례를 받는 순간 믿음을 위해 목숨을 바칠 각오를 했으므로 삶이 곧 순교의 나날이었습니다. 그들은 날마다 연약한 육체와 마음을 가다듬고 폭력의 두려움을 극복할 훈련을 쌓으면서 순교할 정신으로 살았다고 할 수 있습니다. 그들은 항상 마음속으로 순교를 준비했으므로, 체포되어 가산을 몰수당하거나 무자비한 고문을 당해도 당당하고 기쁘게 순교를 받아들일 수 있었습니다.

:: 박해 시대의 신앙생활

순교자들은 단 한 번의 성사를 받기 위해 평생 사제를 기다렸고, 단 한 번의 미사 참례를 위해 험한 길을 수백 리나 걸었으며, 남들이 잠든 한밤중에야 비밀리에 미사에 참례할 수 있었습니다. 또 대부분의 신자들은 박해의 손길을 피해 정든 고향을 떠나야 했습니다. 동네 사람들의 미신 행위에 동조하지 않기 위해 희생을 무릅쓰고 가족들을 이끌고 깊은 산골로 이사한 경우도 많았습니다. 그렇게 해서 형성된 마을이 교우촌입니다. 교우촌에서 사람들은 비록 가난과 굶주림에 시달리며 살았지만, 서로 돕고 사랑했기에 평화와 행복이 함께했습니다.

이처럼 함께 기도하고 같은 생업에 종사하면서 서로 도우며 살았던 교우들의 모습은 마치 사도행전(2, 44-47; 4, 32-37)에 나오는 초대 교회 공동체를 떠올리게 했습니다. 그들이 실천한 이웃 사랑은 주위의 믿지 않는 사람들까지 감동시켜 입교하도록 이끌기도 했습니다. 또한 놀랍게도, 박해가 심하고 고통이 크면 클수록 믿는 이들의 수는 오히려 늘어났음을 한국 교회사 도처에서 찾아볼 수 있습니다.

∷ 신념의 순교 성인

순교 성인들은 피신할 수 있는데도 순교를 마다하지 않고 자진해 체포되었고, 말할 수 없는 혹독한 고문 중에도 절대로 '배교'라는 말을 하지 않았습니다. 그들은 하느님과 진리를 위해 죽기를 마다하지 않았습니다. 수많은 예들 중 하나가 기해박해(1839년) 때 순교한 최해성 요한의 경우입니다. 최해성 요한을 고문하던 원주 고을 관장은 '배교한다'는 말 한 마디만 내뱉으면 원주 고을을 통째로 주겠다고 했답니다. 그런데 그는 오히려 "원주 고을을 통째로 준다 해도 하늘과 땅의 주인이신 하느님을 배반할 수 없습니다"라고 대답해 더 심한 고통을 당했다고 합니다.

이처럼 우리의 신앙 선조들은 모진 고문과 형벌 등 갖가지 형태의 죽음으로 순교의 영광을 입었습니다. 그들의 순교 정신은 난폭하고 무자비한 폭력 앞에서 무저항과 양순함으로, 겸손과 사랑으로 더 높은 정신적 자유라는 승리를 거두었습니다. 새 삶에 대한 그들의 갈망, 곧 하느님 안에서 그리스도와 함께 사는 참 생명에 대한 갈망과 굳센 신앙은 결국 연약한 인간의 한계를 넘어 무한한 자유를 누릴 수 있게 해주었고, 기쁘게 죽음을 맞이하게 했습니다.

:: 신앙의 감명

평화를 사랑하는 우리는 이러한 한국 교회의 일원입니다. 참으로 사려 깊은 결단으로 순교 성인들의 뒤를 이은 신자가 되었음을 긍지로 여겨야겠습니다.

한국에 가톨릭교회를 전한 사람들은 외국인 선교사가

아닙니다. 바로 이 땅에서 태어난 우리 선조들입니다. 그처럼 자발적으로 신앙을 받아들였다는 것은 조상들이 목숨을 바쳐 죽을 만큼 진리를 사랑하는 품성을 지녔다는 뜻입니다. 이러한 품성은 오늘을 사는 우리에게도 전해 오고 있습니다. 바로 우리의 마음과 정신 속에 말입니다. 하늘나라에 있는 순교 성인들도 우리를 내려다보며 이렇게 말할 것입니다. "참 잘 선택했습니다. 여러분도 나와 똑같은 믿음을 가졌으니 우리는 한집안 식구랍니다."

:: 시성식

1984년 5월 6일은 한국 교회에 매우 영광스러운 날이었습니다. 한국 순교 성인 103명이 전 세계 가톨릭 신자들의 성인으로 선포된 날입니다. 이날 1대 교황 성 베드로 사도를 잇는 264대 교황 요한 바오로 2세에 의해 서울 여의도 광장에서 한국 순교자들 중 103명을 성인품에 올리는 시성식이 거행되었습니다. 이로써 한국 가톨릭교회는 전 세계 교회를 참으로 놀라게 했습니다.

:: 성지 순례

요즘은 예년과 달리 한국 신자들도 '성지 순례'를 많이 다니며 그 말도 흔하게 사용합니다. 일반적으로 성지 순례는 순교의 장소나 순교자의 묘소 등 순교 사적지를 방문해 순교자의 신앙 정신을 기리고 자신의 신앙을 강화하는 활동을 말합니다. 그러나 이 말은 크게 두 가지 의미로 다르게 써야 합니다.

즉, 예수님의 활동 중심지였던 팔레스티나를 찾아가 계시의 원천을 확인하고 신앙을 강화하는 성지(聖地, Holy Land) 순례와 기적이나 거룩한 일이 일어난 곳, 묘소 등을 방문하는 성지(聖趾, Saint Place) 순례로 구분해야 합니다. 그리고 생가나 동네, 성인의 집 등 구체적인 사적지는 그냥 사적지라고 불러야 할 것입니다. 이처럼 정확하게 구별해 사실을 알아두고 사용하되, 지나치게 얽매일 필요는 없겠습니다.

여하튼 국내의 여러 성지聖趾들을 순례하며 순교자들의 믿음을 기리고 행적을 배우면서 그들을 사랑하고 그 정신을 마음 깊이 새겨 믿음을 강화하도록 관심을 기울여야 하겠습니다. 되도록 단체로 일정을 잘 짜서 참여한다면 성지 순례 자체가 피정(115~122쪽 참조)이 될 수 있으므로 적극적으로 노력하는 자세가 필요하겠습니다.

성직자와 수도자

:: 사제는 공동체를 위해 활동한다

사제에게 무엇보다 중요한 공적인 일은 성사의 집행입니다. 고해성사와 미사는 일상적으로 사제들을 시간에 매이게 합니다. 그리고 미사나 그 밖의 성사를 집행하기 위해 성당을 드나들 때도 사제들은 마음의 준비는 물론이고, 성당 이 구석 저 구석의 분위기를 자기도 모르게 검사하게 됩니다. 아마도 성당이라는 큰 집을 책임지고 있기 때문이겠지요.

사제는 신자들을 위해 사목 활동을 합니다. 이를 위해 시간을 정해 놓고 때에 따라 필요한 것을 준비하고 알아보고 정리하며 수정하는 등 나름대로 절차에 따라 처리합니다. 본당 관할에 속한 모든 신자들의 집을 방문하는 일은 그중에서도 매우 힘겨운 일입니다. 그 외에도 사제는 혼인할 사람들을 상담하고 돕거나 장례와 관계된 일들을 처리하며 환자들의 영적 상태도 돌봅니다. 또 예비 신자 교리나 신자 재교육, 본당과 교회 발전을 위한 다양한 모임 등 사목적 봉사도 합니다. 게다가 시간이 나는 대로 개인 면담이나 각종 사목 구상을 추진하기도 합니다.

한편 사제들은 교계 제도상의 업무도 수행합니다. 즉, 교구청이나 교회 기관으로부터 공문을 받고 이를 이행합니다. 대개 그 내용은 교육, 피정, 행사, 이동, 모임, 회의 소집 등입니다. 본당에서 연구하고 실천해야 할 여러 가지 알림이나 지시 사항, 의견 제안, 방침, 보고 등도 여기에 포함됩니다.

:: 사제의 개인 생활

사제도 인간이기에 여느 일반 사람들과 마찬가지로 개인 생활이 있습니다. 취미 생활이나 대인 관계를 위해 기계나 음악, 그림, 조각, 정원 손질, 드라이브, 각종 운동 등을 즐기며 다양한 분야에서 다채로운 삶을 삽니다. 이처럼 인간적인 생활은 사회 친구들이나 동창들, 교우들, 이웃에 있는 사제들과 함께하는 경우가 많습니다. 또 부모님을 찾아뵙거나 때에 따라 형제나 친척을 만나기도 합니다.

기호 식품도 사제의 개성에 따라 좋아하는 것이 다릅니다. 물론 건강을 챙기는 방법이나 형태도 각양각색입니다. 만약 본당에서 신부들을 대할 때 이처럼 인간적인 면을 무시하고 마치 신을 대하듯, 아니면 특별난 사람을 대하듯 한다면 실망하거나 의심이 들 수 있으며, 때로는 부정하다고까지 느낄 수 있을 것입니다. 한편, 신부들은 그런 경우에 외로움을 느끼거나 피곤해 하며 아예 피해 버리고 마는 때도 있습니다. 성직자들의 현실 생활을 너무 신비롭게 생각하지 않도록 합시다. 성직자는 성직을 이행하며 살아가려고 노력하는 한 인간이라는 점을 염두에 두도록 합시다.

:: 수녀의 개인 생활

수도 생활을 하며 사는 수녀들도 한 명의 여성임은 틀

림없는 사실입니다. 그러므로 일반 사람들처럼 기본적인 인간 심리를 지니고 있습니다. 따라서 수도자들을 완성된 사람으로 생각하고 모든 것에 완벽을 요구한다면 실망할 수밖에 없습니다. 개인에 따라 성격이나 교육, 자란 환경의 차이가 있으므로 모든 수녀가 똑같을 수는 없습니다. 수도자라 해도 인간이기에 실수도 하고 배워야 할 일도 있게 마련입니다. 느낄 것을 느끼며 덕스러운 삶을 향해 노력해 나가는 분들인 것입니다.

:: 수녀의 공적인 일

수녀들은 각 수도회의 기본 규칙을 지키며 본당이나 단체에서 공동생활을 합니다. 본당에서 수녀는 그 본당이 원활하게 돌아가도록 돕습니다. 본당을 돕는다는 것은 주임 신부의 사목에 협조한다는 뜻입니다. 실례를 들어 설명한다면, 우선 수녀들은 성사 집행을 위해 성당의 보존 및 관리 업무를 담당합니다. 즉, 미사나 고해성사, 세례식, 혼인성사, 장례 미사 등을 위해 제의실이나 제대 등을 중심으로 각종 준비를 합니다. 제의실을 정돈하고 제대를 꾸미며 고해소를 비롯해, 성당 내부 전체를 성사 집행의 장소로 사용하는 데 차질이 없도록 미리 챙기는 일을 합니다.

그리고 본당 신자들의 신앙생활을 위해 사무 정리, 교리반 및 반 모임 지도, 교육 등의 일을 담당합니다. 이와 같은 본당 업무에서 수녀는 주임 신부의 지도를 받으며 서로 협조합니다. 업무의 분담 및 전담은 주임 신부의 결정에 따라 변할 수 있습니다.

이 밖에도 수녀들은 양로원과 고아원, 병원 등의 사회복지 단체 · 기관에서 각 수도회의 고유한 사도직을 성실히 수행하고 있습니다.

:: 인간적인 도움

신부나 수녀는 혼자 사는 사람들입니다. 사람이 혼자 살다 보면 일반적으로 생기기 마련인 심리 현상이 수도자나 성직자라고 해서 생기지 않을 리 없습니다. 신부와 수녀도 인간이므로 예외일 수 없겠지요. 때로는 고독하기도 하고, 지나치게 대중과 어울리다 보면 짜증이 나기도 합니다. 남의 말에 귀를 기울이지 않는 고집이 생길 수도 있고 한쪽으로 지나치게 치우칠 수도 있습니다. 그러니 이러한 점들을 인간적으로 이해해야 합니다. 만약 취미나 성격이 통한다면 걱정을 나누고 격려하며 위로하고 도와주면 좋겠습니다. 신부나 수녀가 본연의 위치를 지키면서 인간적으로도 성숙하도록 돕는 것은 아름다운 일입니다. 그들에게 인간적인 잘못이 있다 해도 교우들이 감싸 주고 기도해 주며 일으켜 세울 때 성직자와 수도자는 큰 용기와 기쁨을 얻게 됩니다.

:: 신부나 수녀가 방문할 때의 상식적 예의

위에서 말했듯이 신부나 수녀는 본당 생활을 하다 보면 시간적 여유가 그리 많지 않습니다. 그래서 신부나 수녀에게 볼 일이 있을 때는 직접 문의하는 것보다 먼저 사무실에 알아본 후에 찾아가는 편이 좋습니다. 갑자기 찾아가기보다는 미리 시간을 약속하고 찾아가는 것이 좋겠지요. 그리고 용건도 신부와 수녀에게 적합한 내용이어야 그분들이 당혹스럽지 않을 것입니다. 신자들이 신부나 수녀를 찾는 이유는 대개 혼인성사 준비, 수도 성소 문제, 새집 축복, 병자성사, 개업 축복 등의 성사 및 준성사를 부탁하기 위해서이거나 개인적인 일들로 가정이나 특별한 일을 상의하기 위해서입니다. 또는 단체나 본당 사목상 객관적으로 좋은 의견을 제안하기 위해서도 신부나 수녀를 찾을 수 있겠습니다.

:: 정성이 깃든 마음의 표시

존경과 사랑의 뜻으로 정성을 표시하는 것은 좋은 일입니다. 신부나 수도자는 간혹 이와 같은 정성을 받고 사목 활동에 지쳤다가도 다시 용기와 의욕을 느끼게 됩니다. 그리고 본당 신자들에게 사랑과 정을 갖게 되어 지칠 줄 모르고 열의를 쏟게 되지요. 본당 생활은 사람들과 어울리는 생활인데, 신자들이 너무 많다 보면 신부나 수녀가 자칫 사무적이고 공적이며 차가워질 수 있습니다. 삭막한 본당 생활이 사목자들을 냉정하고 무딘 인간으로 만들어 버릴 때도 많습니다. 그러므로 본당의 신부와 수녀를 위해 기도해 주고 여러 가지 인간적인 측면에서도 잘 도와

주도록 합시다. 그렇다고 도움이 지나치면 오히려 해가 될 수 있으므로 이 또한 유의해야겠습니다.

신앙생활 재충전

:: 피정의 유래

초세기에 많은 그리스도인들이 예수님이 활동하시던 이스라엘 성지를 순례했습니다. 그때 좀 더 풍요로운 영성 생활이 펼쳐지도록 순례의 양상을 점차 다양하게 변화시키려고 노력한 데서 오늘날의 피정이 생겼습니다. 단순히 신앙에서 확신을 갖기 위한 성지 참배였던 순례가 신앙생활의 쇄신을 꾀한다는 뜻으로 발전하면서 12세기경까지 내려왔습니다.

성 이냐시오 데 로욜라는 「영신수련」이라는 책을 펴내 구체적인 피정 방법을 발전시켰습니다. 이에 교황 비오 11세는 이냐시오 성인을 피정하는 사람들의 수호성인으로 선포했습니다.

그 밖에 수많은 성인들도 영성 수련을 위해 유익하고 도움이 되는 방법들을 제시했고, 그러면서 수련이나 피정은 더 뚜렷하고 짜임새 있는 형태를 갖추게 되었습니다. 17세기에는 지도자를 정해 그의 지도에 따라 수련하는 피정 장소들이 등장할 정도로 발전했습니다. 19세기에 들어오면서 성직자들이나 수도자들은 연례 피정을 하도록 교회법으로 정할 만큼 그 가치가 인정되었습니다. 그 후 20세기로 넘어오면서 수도자나 성직자들의 영신 수련 생활이 일반인들에게도 널리 알려졌습니다. 깊은 관상 속에서 하느님과 함께하는 영성 생활의 즐거움을 일반 신자들도 맛보기 위해 스스로 수도원을 방문해 수도 생활에 동참해 보는 예가 많아졌습니다. 또 수도원에서는 이를 조직화해 피정 계획을 세우고 희망자를 모집해 공동으로 피정을 지도하거나 본당으로부터 위탁을 받는 경우도 요즘은 보편화되었습니다.

:: 피정이란

피정은 가톨릭 신자들이 영성 생활에 필요한 결정을 내리거나 신앙을 쇄신하기 위해서 특별한 기회를 갖는 신앙생활의 한 양상입니다. 이를 위해 일정한 기간 동안 모든 일상을 떠나 묵상과 자기 성찰, 기도 등의 신앙 수련에만 몰두하는 것입니다. 그리고 그 수련 중에 들려오는 하느님의 말씀에 귀를 기울이게 됩니다. 당연히 조용한 장소가 적당하므로 대개는 복잡한 도심을 떠나 성당이나 수도원 또는 특별히 꾸며진 피정의 집들을 찾아갑니다.

:: 피정의 집

한국에는 많은 피정의 집들이 있는데, 대부분은 수도원이나 교구에서 운영하고 있습니다. 또 순교 성지에 찾아오는 순례자들을 위한 피정의 집들도 많아지고 있습니다. 그러나 한 개인이 교구와의 연관 없이 영리를 목적으로 피정의 집을 운영할 수는 없습니다. 피정의 집들은 교회 발전을 위해 교회 사목 활동의 일환으로 운영되어야 합니다.

설령 피정을 사설 장소나 개인 집에서 한다 해도, 수도자나 성직자 또는 교회를 대표할 만한 사람이 지도하거나 아니면 교회가 인정할 만한 내용을 토대로 해야 합니다.

특히 요즘은 공동 피정이 많이 유행하는데, 대화나 그룹 토의 및 작업, 강의, 연구, 활동 등 상호 협조 아래 다양한 형태가 이루어집니다. 본당이나 피정의 집 등에는 대개 신자들을 위한 피정 계획이 마련되어 있습니다. 1년에 한 번 정도는 의무적으로라도 이러한 피정에 꼭 참여하길 바랍니다.

:: 생활의 반성과 새로운 생활

우리는 살면서 집 안 분위기를 바꾸기 위해 대청소를 하거나 도배를 새로 하는 등 집수리를 할 때가 있습니다. 집을 잘 보존하고 관리하려면 이런 일들이 꼭 필요합니다. 우리의 영적 생활 역시 마찬가지입니다. 자신을 내적으로 재정비하며 산다면 얼마나 좋겠습니까? 주말에 온 가족이 함께 수도원을 찾아가 피정하는 것은 참으로 아름다운 일이라고 봅니다. 또는 언제든 하루를 택해 몇몇 친구들과 함께 피정의 집에서 지도자의 도움을 받아 명상하고 묵상에 잠기며 기도한다면 더 나은 내일을 준비할 수 있을 것입니다. 건강한 정신과 신심의 단련은 삶을 보람 있게 가꾸어 줄 것입니다.

:: 피정 준비

 어떤 피정이든 참가자들은 마음의 준비가 필요합니다. 놀러 가는 것이 아니고 주님과 시간을 함께하기 위한 것이므로 주님을 만나려는 마음가짐을 가져야 합니다. 그러므로 주변을 정리할 필요가 있습니다. 피정 중에 갑자기 해야 할 일이 생각나 걱정하게 될 만한 것은 미리 정리하는 편이 좋으며, 몸과 옷차림 역시 깨끗이 하고 들어가야 합니다. 다른 사람에게 불쾌감을 주어서도 안 되겠지만, 그보다는 스스로 몸을 비롯한 외적 청결함을 통해 마음가짐을 정돈할 필요가 있기 때문입니다.

:: 피정에 들어가며

  화려한 옷이나 화장, 부담스러운 의복은 피하고 편안하고 수수한 차림이 좋겠습니다. 준비물을 확인합시다. 세면도구, 잠옷, 기도서, 성가책, 성경이나 영적 독서를 위한 책, 그리고 피정 지도자가 요청한 것들 등입니다. 피정이 시작되면 먼저 고해성사의 전반부인 성찰, 통회, 정개의 정신으로 시간을 보내는 것이 일반적입니다. 자신의 잘못을 알아내고 그 잘못에 대해 자신을 야단치고 훈계하고 타이르고 뉘우치고 결심하면서 자신의 마음을 조용하고 잔잔하게 만들어야 합니다. 프로그램에 따라 다르겠지만, 일반적으로 피정 첫 날 저녁 고요할 때 고해성사를 받습니다. 이렇게 자신을 먼저 고해성사로 정화해야 피정의 효과가 크기 때문입니다. 피정에 임하면서부터는 자기 생각을 버리고 피정의 계획과 환경과 시간표에 자신을 온전히 맡기는 자세가 중요합니다. 일체의 비판이나 고집을 버리고 평온한 자세로 자신을 시원스럽게 열어 놓아야 합니다.

:: 피정을 마치며

감사하는 마음을 갖고 계속 노력할 것을 결심합니다. 감사하는 마음이 저절로 일어난다면 더할 나위 없이 좋겠지만, 여유로우면서도 이성적으로 감사해야 한다는 마음을 갖는 것이 바람직합니다.

피정을 마친 다음에는 본당에 가서 주님께 인사를 드리고(성체 조배) 집으로 돌아갑니다. 이는 예수님을 찾아뵙고 피정에 대한 감사와 인사를 드리는 것입니다. 단체로 피정을 갔다가 돌아왔을 경우에는 일반적으로 성당에 들러 주임 신부나 보좌 신부 또는 수녀에게 보고를 하고 돌아갑니다.

:: 평온한 삶

자신을 정돈하고 올바름과 선을 지닌 채 살아가는 삶은 언제나 평온할 것입니다. 그리고 그것이 가톨릭의 덕을 닦는 삶입니다. 속세를 멀리하라는 말을 잘못 이해하면 안 됩니다. 직장이나 가정을 버리고 기도나 명상에만 잠기고 싶다고 해서 혼자만 편한 곳으로 들어가 버리는 것은, 어느 면에서는 이기주의이고 자기 욕구의 충족일 뿐이라고 할 수 있습니다. 우리는 세상, 곧 사회를 하느님의 뜻대로 이끄는 데 참여해야 할 자신의 직분을 망각해서는 안 됩니다. 또 세상을 개선하고 가꾸어 나가는 적극적인 신앙인의 자세를 가져야 합니다. 사회에서 처한 환경을 곧 창조주께서 자신에게 내리신 숙제로 받아들여 겸손하고 감사하는 마음으로 그분의 뜻에 맞게 살도록 노력하는 것이 가톨릭 신자의 덕스러운 삶일 것입니다.

신앙의 발전과 유지

:: 여러 가지 재교육

- 견진성사 : 세례를 받은 후 1~3년 정도가 지나면 견진성사를 받습니다. 대개는 본당에서 견진성사를 위한 교육이 있을 때를 이용합니다. 그러나 여의치 않을 때는 이웃 본당에서 견진성사를 준비시킬 때 함께 받을 수 있습니다. 어쨌든 꼭 견진성사를 받아 교리를 보충하고 마음가짐도 새롭게 합시다.

- 특강 및 단기 교육 : 본당이나 이웃 본당 또는 교구 차원에서 각종 특강이나 단기 교육 등을 실시합니다. 이는 고정적으로 개설되거나 흔히 참여할 수 있는 프

로그램이 아닙니다. 또 그 내용도 매우 다채롭고 유익하므로 기회가 왔을 때 꼭 참여해 교회의 지식을 풍부히 쌓기 바랍니다. 이러한 소식들은 주보나 게시판에 소개되므로 평소 관심을 가지고 살펴보는 습관을 들이도록 합시다.

• 교회 서적 : 가톨릭교회의 발전을 위해 많은 출판사들이 생겨나 신자들에게 유익한 책들을 계속 펴내고 있습니다. 신앙 안에서 이루어지는 내용을 다루는 교회 서적들을 자주 구해서 읽도록 합시다. 한 달에 한 권 정도 꾸준히 보면서 집안에 교회 서적을 차근차근 꽂아 간다면 그만큼 든든한 신념의 경지를 얻게 될 것입니다.

• 정기 간행물 구독 : 교회 내에서 발행되는 주간 · 월간 · 계간 · 연간 정기 간행물은 적은 편은 아닙니다. 정기 간행물들은 그 내용이 다채롭습니다. 신학적으로 전문적인 것도 있고 잡지다운 것도 있습니다. 한 가정에 최소한 세 가지 정도는 받아 보길 권합니다. 잘 선택해 구독하기 바랍니다.

- 교육 기관의 개설 과정 : 신학교나 교리신학원, 교구청이나 평신도 조직에서 운영하는 교육 과정이 있습니다. 기간은 몇 달에서 1년 내지 2년 정도거나 그 이상으로 계속해서 이뤄지기도 합니다. 본당 주보나 그 밖의 홍보물에 이런 교육에 관한 안내가 수시로 나오니 참고하기 바랍니다. 또는 본당에 문의하면 안내를 받을 수도 있습니다. 이 교육들은 교회의 새로운 세계를 보게 해줄 것이며 좀 더 깊은 차원의 종교 생활에 도움을 줄 것입니다. 본당에서 성체 분배권을 받은 평신도나 단체장들, 예비 신자 교리 교사 외에도 많은 신자들이 이런 교육을 받고 조용히 교회를 도우면서 신앙생활의 보람을 맛보며 살고 있습니다.

:: 계속 공부하면 좋을 분야들

세례를 받고 나면 더 배울 것들이 있을 법하다고는 느끼지만, 과연 배울 필요가 있는지, 구체적으로 어떤 분야를 배워야 하는지 막연하리라고 생각합니다. 그러나 교회 안에는 인생의 지혜에 관한 무한한 보고가 있습니다. 이러한 보물들을 찾아 얻으면 우리의 삶을 엮어 나갈 때 곳곳에서 유용하게 쓰일 것입니다. 그래서 공부하면 좋을 분야에 관해 간략하게 설명을 드리고자 합니다.

성경의 이해에 도움이 되는 공부에는 성경 해설, 성경 묵상 등이 있습니다. 신학에 대한 제반 사항들을 좀 더 깊이 알아보고 싶다면 그리스도론, 성사론, 교회론, 마리아론, 종말론, 윤리 신학 등 다양한 분야가 있습니다. 역사에 취미가 있으면 한국 교회사나 세계 교회사를 공부해 보는 것도 좋습니다. 이 밖에도 영성, 교회법, 성인의 전기, 수필, 시, 묵상, 자서전 등 생각했던 것보다 많은 공부거리가 있다는 것을 교회 서점에 들르면 알게 될 것입니다. 대개 큰 도시에는 가톨릭교회의 서적을 취급하는 전문 서점들이 있습니다. 대부·모나 본당 사무장 또는 수녀나 신부들은 그런 서점들이 어디에 있는지 잘 압니다. 문의해서 알아두도록 합시다.

부록

이 달의 나의 신앙생활은 어떠했나

다음 항목들을 가지고 한 달 동안의 신앙생활을 돌아봅시다.

- 주일 미사 참례와 영성체
- 평일 미사 참례와 영성체
- 성체 조배
- 고해성사
- 성경 읽기
- 묵주기도
- 아침기도, 저녁기도
- 삼종기도
- 식사 전 기도, 식사 후 기도
- 주일 헌금, 교무금
- 단체 활동

새 영세자를 위한

신앙 생활 길잡이

지은이 : 이기정
펴낸이 : 서영주
펴낸곳 : 성바오로
주소 : 서울특별시 강북구 오현로7길 20(미아동)
등록 : 7-93호 1992. 10. 6
초판 발행일 : 2006. 7. 12
1판 13쇄 : 2020. 12. 3
SSP 784

취급처 : 성바오로보급소
전화 : 944--8300, 986--1361
팩스 : 986--1365
통신판매 : 945--2972
E-mail : bookclub@paolo.net
인터넷 서점 : www.paolo.kr
www.facebook.com/stpaulskr

값 6,000원
ISBN 978-89-8015-608-5